Martin Verg

Das Imperium kehrt zurück

MARTIN VERG

DAS IMPERIVM KEHRT ZURÜCK

Warum uns das alte Rom neu fasziniert

PIPER

Mehr über unsere Autorinnen, Autoren und Bücher:
www.piper.de

ISBN 978-3-492-06617-4

Für einen direkten Kontakt und Fragen zum Produkt
wenden Sie sich bitte an: *info@piper.de*
Karte (vordere Innenklappe): Peter Palm, Berlin
Zeitstrahl (hintere Innenklappe): Büro Jorge Schmidt, München
Satz: Tobias Wantzen, Bremen
Gesetzt aus der Minion Pro
Litho: Lorenz & Zeller, Inning am Ammersee
Druck und Bindung: CPI books GmbH
Printed in the EU

History doesn't repeat itself,
but it rhymes.

(Soll Mark Twain gesagt haben.
Stimmt nicht.
Ist trotzdem gut.)

INDEX GENERALIS

INTRODUCTIO

Jerusalem, mutmaßlich einige Jahre n. Chr. Eine Gruppe von Widerständlern gegen die römische Fremdherrschaft muss sich mal wieder der Rechtmäßigkeit ihrer Taten selbstvergewissern: »*Mal abgesehen von sanitären Einrichtungen, der Medizin, dem Schulwesen, Wein, der öffentlichen Ordnung, der Bewässerung, Straßen, der Wasseraufbereitung und der allgemeinen Krankenkassen, was, frage ich euch, haben die Römer je für uns getan?*« Triumphierend blickt der Anführer des Haufens, gespielt von John Cleese, in die Runde. Es ist die vielleicht ikonischste Szene aus dem an ikonischen Szenen nicht eben armen Film »Das Leben des Brian« der britischen Komikertruppe Monty Python von 1979.

Ich habe »Das Leben des Brian« erst viele Jahre später als Teenager gesehen. Da war ich schon auf halbem Weg zum großen Latinum. Notenmäßig mittelerfolgreich, irgendwie gab es immer interessantere Dinge zu tun, als Deklinationen rauf und runter zu üben (und dann war ich am Ende auch noch der Einzige, der in der Abiturklausur nicht mitbekam, dass eine Vergil-Übersetzung auf der Schultoilette lag). Latein war nie mein Lieblingsfach, Julius Cäsar Satz für Satz holprig und unendlich langsam auf seinem Feldzug durch Gallien zu begleiten? Fand ich vor allem anstrengend.

Meiner Faszination für das antike Rom konnte das trotzdem keinen Abbruch tun. Als ein Trend auf TikTok vor einiger Zeit zutage brachte, dass Männer quasi täglich ans alte Rom denken würden, hat mich das nicht sonderlich überrascht. Auch wenn ich es bei mir selbst nie überprüft hatte: Es erschien mir komplett plausibel. Jedenfalls bis zu dem Punkt, wo ich dieser Behauptung in meinem eigenen Umfeld nachgehen wollte – und vor allem Erstaunen erntete: Das alte Rom? Ich? Sicher nicht!

Ich glaube aber: doch! Das alte Rom, das ist eben nicht nur Cäsar, das sind nicht nur Feldherren und -züge, nicht nur die offensichtlichen Überreste einer Jahrhunderte währenden Hochkultur: Aquädukte, Tempel, Amphitheater und so, das ist nicht nur eine vermeintlich tote Sprache, die nur noch ein paar Hartgesottene an humanistischen Gymnasien pauken. Rom hat uns – zumindest hier in Europa – viel tiefer durchdrungen, als es selbst John Cleese' Untergrundkämpfer ahnt. Vom Kalender bis zur Kulinarik, von der Verführungskraft der Massenunterhaltung bis zu unserer Vorstellung von Recht und Gesetz, die maßgeblich in Rom formuliert wurde, von den fast zwanzig Prozent, die der deutsche Wortschatz aus Latein besteht, bis zu den Legionen, die als erste Berufsarmee der Erde nach Strategien operierten, die teils bis heute gelehrt und angewendet werden.

Apropos Legionen: In seiner Aggressivität, seinem unbändigen Expansionsdrang sollte uns Rom vielleicht nicht als Vorbild dienen (auch wenn es das bei manchen zu tun scheint). Aber wo es herrschte, brachte es eben oftmals auch bis dahin ungekannten Fortschritt. Und »den Frieden«, wie ein Mitstreiter in der Filmszene John Cleeses' Aufzählung komplettiert – sehr zu dessen Unmut: *»Ach, Frieden? Halt die Klappe!«* Dabei stimmt es: Die *pax romana* bescherte dem Imperium fast zweihundert Jahre weitgehende Ruhe. Ob wir das in Europa noch einmal schaffen?

Die achtzehn Kapitel dieses Buches sind keine Geschichte Roms. Sie behandeln jeweils Aspekte daraus, die sich auf die eine oder andere Weise, mal ganz direkt, mal eher mittelbar auf uns und unsere heutige Welt auswirken. Dabei ist es nicht immer einfach, Fakt und Fiktion zu trennen. Was wir von Roms mehr als tausendjähriger Geschichte wissen (bis zum Fall Konstantinopels und damit dem Ende Ostroms, sind es sogar zweitausend Jahre), fußt vielfach auf einer eher dünnen Quellenlage. Es sind einzelne Autoren, die oft erst Jahrzehnte nach den Ereignissen darüber schreiben. Autoren, die selten frei sind von einer eigenen Agenda (wie neutral berichtet Tacitus wohl in seiner *Agricola* über den gleichnamigen Statthalter Britanniens, der zugleich sein Schwiegervater ist?). Und die auch, sagen wir mal, einen eher engen Fokus haben. Kaiserviten? Kein Problem, liegen sogar mehrfach vor. Was derweil die einfachen Leute trieben, was sie umtrieb? Das bekommen wir häufig bestenfalls am Rand mit. Es gibt kein lateinisches Wort für Alltagsgeschichte. Die kann man dann oft nur mit Hilfe der Archäologie rekonstruieren. So schrecklich der Vesuvausbruch im Jahr 79 n. Chr. für die Bewohnerinnen und Bewohner Pompejis und Herculaneums war – unter Metern von Vulkanasche, Staub und Gestein wurde ein Alltag konserviert, über den wir heute ansonsten kaum etwas wüssten. Von den verkohlten Brotlaiben, die noch beim Bäcker im Ofen liegen, über die kleine Thermenanlage einer gewissen Julia Felix (ein ebenso seltenes wie eindrückliches Beispiel für die Existenz erfolg- und einflussreicher Geschäftsfrauen, über die Tacitus und Co. sich natürlich ausschweigen) bis zu den zahllosen Graffiti mit Wahlwerbung (damals so beliebt wie heute) oder der unverhohlenen Meinungsäußerung über den doofen Lehrer.

Seit den Tagen Roms ist die Welt zugleich größer geworden und geschrumpft: Größer, weil sich die Geschichte nicht mehr ausschließlich rund um das Mittelmeer, das *mare nostrum*, abspielt. Klar, das tat sie auch damals nicht. Aber wer wusste schon, was in China oder den Amerikas los war? Heute wissen wir es, oder wir wissen zumindest deutlich mehr darüber. Und das macht die Welt eben kleiner. Oder lässt sie wenigstens kleiner erscheinen. Ob amerikanische Popkultur, die Produktflut aus Fernost, ob neue Ideen, Trends, Moden: Die Einflüsse, die uns prägen, haben einen viel größeren, einen globalen Radius erlangt. Aber sie sind vielleicht auch beliebiger, schnelllebiger geworden. Ob irgendetwas davon in zweitausend Jahren noch nachklingen wird, wie es bei Rom bis heute der Fall ist? *Quod esset demonstrandum!*

BONUM SCIRE

ALLES IM KASTEN

Wie die Legionen von ihren *auxiliares*, den Hilfstruppen, oder wie eine zünftige *cena* durch Gesang und Tanz werden auch die achtzehn folgenden Kapitel flankiert und ergänzt – durch kleine Textkästen mit kuriosen, erstaunlichen, immer merkenswerten Infohappen. Mal sind sie einfach »gut zu wissen« (siehe oben: *bonum scire*). Mal liefern sie eine kluge oder alltagstaugliche Redewendung, das Bonmot für den Partytalk (*semper recta verba* – »immer das richtige Wort«). Mal gibt es ein paar Zahlen zum Staunen (*numeri placent* – »Zahlen, bitte«).

CAPUT I

I WANT YOU FOR ROMAN ARMY

DAS ERFOLGSGEHEIMNIS DER LEGIONEN

Der 2. August 216 v. Chr. ist ein Tag zum Vergessen. Oder aber das genaue Gegenteil, eine Frage der Perspektive. Knapp zwei Jahre zuvor hat der karthagische Feldherr Hannibal seine Truppen samt den berüchtigten Kriegselefanten über die Alpen ins römische Herzland geführt. Seitdem ziehen die Karthager, inzwischen verstärkt von keltischen Stämmen, die sich Hannibals Heer anschließen, durch Italien. Die Bedrohung ist existenziell: Was, wenn die Nordafrikaner, Roms ärgster Konkurrent um die Vorherrschaft im westlichen Mittelmeerraum, auf die Tiberstadt selbst marschieren? Nicht auszudenken! Man muss sie aufhalten, mit aller Macht.

Der Senat wählt für diesen Auftrag die beiden Konsuln Lucius Aemilius Paullus und Gaius Terentius Varro, zieht sagenhafte 16 Legionen zusammen, insgesamt schätzungsweise 80 000 Fußsoldaten plus noch einmal 6000 Berittene. Es ist das größte Aufgebot in der bisherigen Geschichte Roms – und gut das Doppelte von dem, was Hannibal befehligt. Eine ausgemachte Sache also? Das Problem: Was Hannibal an *manpower* fehlt, macht er mit taktischem Geschick mehr als wett. Umgekehrt wird man später allerdings auch bilanzieren müssen: Paullus und Varro? Nicht gerade die Superstrategen.

Bei Cannae, einem Ort etwa auf halber Strecke zwischen dem heutigen Foggia und Bari im Südosten des italienischen Stiefels, stehen sich die beiden Heere einander schließlich gegenüber. Die Römer entscheiden sich dafür, ihre zahlenmäßige Überlegenheit in der Tiefe der Formation auszuspielen. Der Gedanke: die Legionen wie einen unaufhaltbaren Keil immer tiefer in die gegnerischen Reihen treiben. Klar, in der Rückschau hat man immer leicht reden. Aber hätten Paullus und Varro stattdessen ihre Überlegenheit in der Breite ausgespielt, wäre die Sache vermutlich anders ausgegangen.

Hannibal jedenfalls ahnt den Plan der Römer. Als die Legionen vorstoßen, lässt er seine Truppen absichtlich zurückweichen – um auf diese Weise eine Art Halbmond um den römischen Keil bilden zu können, der von der karthagischen Reiterei, die die römischen Linien umrundet und plötzlich in deren Rücken steht, zu einem Ring geschlossen wird.

Was folgt, ist eine Kesselschlacht wie aus dem Lehrbuch. *Funfact*: Das ist sie auch. Hannibals Umfassungsstrategie wird tatsächlich bis heute an den Militärakademien der Welt gelehrt. Noch im Zweiten Golfkrieg (1990 bis 1991) nannte Norman Schwarzkopf, der Oberbefehlshaber der US-Armee, die Schlacht bei Cannae als Vorbild für sein Vorgehen bei der Invasion des Iraks.

Der Tag endet für Rom in einer Katastrophe. Ein Großteil der Soldaten wird im Kessel von Cannae getötet, darunter auch Konsul Paullus. Nur wenigen Tausend gelingt die Flucht. Es ist die verheerendste Niederlage, die eine römische Armee jemals erlitten hat – und bleibt es für mehr als zweihundert Jahre. Erst das Fiasko der Varusschlacht im Jahr 9 n. Chr. wird Rom ähnlich traumatisieren (siehe Caput X).

Cannae ist zwar die verheerendste, aber nicht die erste Niederlage, die die Römer einstecken mussten, seit Hannibal durch Italien marodiert. Bereits mehrfach hat der Karthager unter Beweis gestellt, dass er in der Feldschlacht kaum zu besiegen ist. Ironie der Geschichte: Das ist den Römern eigentlich klar. Bevor das Kommando an Varro und Paullus ging, hatte Rom in seiner Not Quintus Fabius Maximus Verrucosus (etwa 275 bis 203 v. Chr.), kurz Fabius, zum Diktator gemacht und ihn auf diese Weise mit noch weitreichenderen Befugnissen ausgestattet, als sie einem Konsul zustehen.

Fabius weiß um die Fähigkeiten und die Stärke der Karthager und vermeidet es bewusst, Hannibal in einer offenen Schlacht gegenüberzutreten. Stattdessen setzt er auf Zermürbung: Die Karthager stehen pausenlos unter Beobachtung. Leisten sie sich auch nur eine Blöße, etwa wenn kleinere Verbände ausgesandt werden, um Verpflegung für das Hauptheer zu besorgen, schlagen die Römer zu. Eine Strategie der Nadelstiche, der Abnutzung, die nicht nur erfolgreich ist, sondern als »fabianische Strategie« ebenfalls Einzug in die Lehrbücher finden wird. Ihr einziger Haken: der absolute Mangel an Prestige. Die stolzen Legionen als bloße Guerillakämpfer? Das passt nicht ins römische Selbstverständnis. Obwohl Fabius vormacht, wie Hannibal zu knacken sein könnte, wendet sich die Stimmung in Rom gegen den Diktator. Wie genau seine Amtszeit endet, ist nicht überliefert, fest steht nur: Ihm folgen Varro und Paullus. Der Rest: siehe oben.

Zum Glück der Römer bleibt das Desaster von Cannae eher eine Ausnahme. In der Regel geht das ausgeprägte Bedürfnis nach Ruhm, Ehre und Machtzuwachs mit einem ebenso großen strategischen Kalkül einher. Schon die römische Geschichtsschreibung bilanziert, dass, hätte etwa ein Gaius Julius Cäsar (100 bis 44 v. Chr.) die Legionen gegen Hannibal ins Feld geführt, die Sache definitiv anders geendet hätte.

Taktisches Genie gepaart mit dem extrem hohen Ausbildungsgrad der Legionäre ist dabei nur ein Teil der Geschichte. Roms Militär zeichnet sich zudem dadurch aus, nicht halsstarrig auf gelernten Techniken zu beharren – es weist die Fähigkeit auf, sich adaptiv auf jeden Gegner einstellen zu können. Das wahrscheinlich berühmteste Beispiel hierfür stammt aus dem ersten Krieg, den Rom und Karthago rund vierzig Jahre früher führen. Zu Land sind Roms Legionen zwar überlegen, aber da der Konflikt im Wesentlichen Sizilien betrifft, wird den Strategen am Tiber bald klar: Ohne eine eigene Kriegsmarine, über die Rom bis dahin nicht verfügt, wird die Sache nicht zu entscheiden sein. Jedenfalls nicht zu den eigenen Gunsten.

Angeblich nehmen römische Ingenieure das Wrack eines karthagischen Schiffes als Blaupause und bauen nach diesem Vorbild in nicht einmal zwei Monaten ein Geschwader von 120 Schiffen, währenddessen sie Tausende von Ruderern auf improvisierten Bänken an Land trainieren lassen. In der Seeschlacht von

BONUM SCIRE

EIN (GAR NICHT SO) EINFACHER CÄSAR

Wie man untereinander kommuniziert, ohne dass der Feind Wind von Strategie und Taktik bekommt, treibt jede Armee der Welt um. Vielleicht nicht schon immer – aber mindestens seit den Tagen von Gaius Julius Cäsar. Zumindest will Sueton es wissen. In seiner Biografie vom »göttlichen Julius« schreibt er, der Mann habe, wann immer es geheime Botschaften auszutauschen gab, seine Briefe codiert, indem er das Alphabet um jeweils vier Buchstaben verschob. Wo D steht, ist A gemeint und so weiter. Noch heute ist diese Urmutter aller Geheimschriften als **CÄSARCHIFFRE** bekannt, auch als »einfacher Cäsar« – weil es nun wirklich keine Quantencomputer braucht, um den Code zu knacken. Aber das ist leicht gesagt, zweitausend Jahre Kryptografiegeschichte später. Für Cäsars Zeitgenossen mag sich der Buchstabensalat ähnlich undurchdringlich dargestellt haben wie im Zweiten Weltkrieg die Codes der berüchtigten Chiffriermaschine »Enigma«, mit der die deutsche Wehrmacht kommunizierte, und die erst entschlüsselt werden konnten, als die Alliierten selbst in den Besitz eines solchen Apparates kamen, der gegenüber Cäsars Chiffrierung mit einem einzigen Code ganze 158 962 555 217 826 360 000 verschiedene produzieren konnte.

Mylae, dem heutigen Milazzo, kann man dann die Ernte einfahren. Die karthagische Flotte wird vernichtend geschlagen. Okay, die heutige Forschung geht davon aus, dass es ganz so sagenhaft wahrscheinlich nicht zugegangen ist. Dass Rom durchaus schon vorher eigene Schiffe und auch Erfahrung in der Seekriegsführung besaß. Aber das nur am Rande.

Hannibal hat sein triumphaler Sieg bei Cannae übrigens nicht viel gebracht. Obwohl die Karthager noch mehr als zehn Jahre in Italien bleiben, können sie sich am Ende nicht halten. Zu weit von der nordafrikanischen Heimat entfernt, mangelt es auf Dauer an Nachschub, überdehnen die Karthager quasi ihre Möglichkeiten und sind der römischen Übermacht und Ausdauer schließlich nicht mehr gewachsen. Im Jahr 202 v. Chr. endet der Konflikt, der als Zweiter Punischer Krieg in die Geschichte eingeht, mit der einstweiligen Niederlage Karthagos (gut fünfzig Jahre später folgt noch ein dritter Krieg).

Auch wenn Dinge wie Seekrieg oder Kesselschlachten das Handbuch für römische Feldherren erst mit der Zeit ergänzen – Rom blickt an diesem Punkt schon auf mehr als fünfhundert Jahre Geschichte seit seiner legendären Gründung 753 v. Chr. zurück. Und das ist quasi gleichbedeutend mit fünfhundert Jahren Militärgeschichte. Ab Tag eins ist man schließlich auf Expansion gepolt. Anfangs geht es vor allem gegen benachbarte Städte und Völker. Doch mit zunehmendem Erfolg steigt der Appetit auf mehr – und es erwächst zugleich eine Art Missionsgedanke: Wir müssen unsere überlegene Zivilisation in die Welt tragen, das Mittelmeer zu unserem Meer machen, zum *mare nostrum*, den Völkern der Erde Frieden – zu unseren Bedingungen, versteht sich – bringen, die *pax romana* (siehe Caput VI). Und dafür brauchen wir die beste Armee von allen. Die fußt im Wesentlichen auf drei Säulen:

Erstens auf einer hervorragenden technischen und taktischen Ausbildung jedes einzelnen Soldaten, zweitens auf einer beinahe konkurrenzlosen Ausstattung, einschließlich der hervorragenden Infrastruktur, die Rom etwa in Form seines Straßen- und Kommunikationsnetzes erschafft (siehe Caput V), und drittens auf den *human resources* – also den Menschen, die die Reihen der Legionen immer wieder auffüllen.

Anfangs sind das auch in Rom wie überall sonst Bürger: Geht es in den Krieg, was fast immer der Fall ist, werden sie mobilisiert – allerdings nicht alle. Nur Landbesitzer qualifizieren sich für den Wehrdienst. Außerdem verstehen es die Römer, besiegte

BONUM SCIRE

VON WEGEN SCHWARZ AUF WEISS

Aquarium und Laudanum, Babaorum und Kleinbonum: Vermutlich gibt es mehr als die eine oder den anderen, denen beim Stichwort **RÖMERLAGER** als Erstes die Namen der vier Forts einfallen, die sich gleich einer Perlenkette um das Dorf der unbeugsamen Gallier aufreihen. Dazu die entsprechenden Bilder: Ein Karree aus Palisaden, darin ordentliche Reihen der Zelte, in denen die Legionäre untergebracht sind und zähneklappernd der nächsten Schlägerei mit Asterix und Obelix entgegensehen. Achtung, jetzt kommt's: Fast nichts daran stimmt. Zelte und Palisaden? Vielleicht, wenn eine Legion auf dem Marsch war und ihren Lagerplatz provisorisch befestigte. Wo Rom seine Truppen dauerhaft postierte, entstanden meist auch dauerhafte Befestigungen, zum Teil mit Steinmauern, gewiss aber mit festen Baracken für die Soldaten – und nicht nur für die: Anders als in den Comics sind in den Lagern neben Legionären meist auch Hilfstruppen stationiert, die sogenannten *auxiliares*, dazu Zivilisten, die für die Versorgung der Truppe sorgten. Sogar Ehefrauen und Kinder konnten vor Ort sein, wie wir von den Vindolanda-Tafeln aus dem frühen 2. Jahrhundert n. Chr. wissen, die man im gleichnamigen Lager im Norden Englands fand: Manche davon enthalten die private Korrespondenz von Offiziersfrauen (siehe Caput II).

und unterworfene Städte, Stämme und Völker zu *foederati* zu machen, zu mehr oder weniger freiwilligen Bundesgenossen, die zur militärischen Unterstützung verpflichtet sind. Diese steuern in der Regel aber nur *auxiliares* bei, also Hilfstruppen. Weil sich im Laufe der Zeit der Landbesitz aber mehr und mehr in den Händen von immer weniger Großgrundbesitzern konzentriert, schrumpft das Angebot an verfügbaren Rekruten. Zugleich wird der Personalbedarf mit wachsender Einflusssphäre bei gleichzeitig ungestilltem Expansionsdrang immer größer. Ein Verlust von vielleicht 50 000 bis 60 000 Soldaten wie bei Cannae ist nur schwer zu kompensieren.

Auftritt: Gaius Marius (etwa 158 bis 86 v. Chr.) und seine berühmte Heeresreform. Auch wenn die neuere Forschung davon ausgeht, dass es mit ziemlicher Sicherheit mehr als eine war und auch nicht alles von Marius ausgeheckt wurde – das Ergebnis ist einschneidend und stellt entscheidende Weichen für den weiteren Aufstieg Roms zur Weltmacht. Marius öffnet das Militär auch Besitzlosen. Damit vervielfacht er auf einen Schlag den Pool, aus dem die Legionen nun Nachschub schöpfen dürfen. Weil aber Menschen, die nicht einfach von den Erträgen ihres Landbesitzes leben können, sondern Lohnarbeit für ihren Unterhalt leisten müssen, nicht *pro bono* jahrelang auf irgendwelchen Feldzügen am Ende der Welt unterwegs sein können, baut Marius die Legionen zu einer Berufsarmee aus. Es gibt einen ordentlichen Sold, nach dem mehrjährigen Dienst erhalten die Legionäre eine Pension oder auch Landbesitz, auf dem sie sich als Selbstversorger zur Ruhe setzen können. Dazu das *standing*: In einer durch und durch militaristischen Gesellschaft wie der römischen ist das soziale Ansehen eines Soldaten hoch. Jedenfalls höher als das der meisten anderen Berufe, die diesen Menschen zur Auswahl stehen. Ein klares *Win-win*: Massenweise wird der Militärdienst zur verlockenden Karriereoption, zugleich ist das

Thema Personalnot Geschichte. In den kommenden Jahrzehnten wächst die Größe der Armee immer weiter, bis sie zu Zeiten Kaiser Trajans (53 bis 117 n. Chr.), als das Reich auch seine größte Ausdehnung erreicht (siehe Caput VIII und Caput XVIII), einschließlich aller Hilfstruppen rund eine halbe Million Mann umfasst haben dürfte.

So ein Apparat kostet allerdings. Ob Marius sich viele Gedanken darüber gemacht hat? Man weiß es nicht. Sicher ist, schon gut hundert Jahre später muss Augustus (63 v. Chr. bis 14 n. Chr.) schätzungsweise rund vierzig Prozent des Staatshaushalts aufbringen, um seine Legionen zu finanzieren. In der Krise des 3. Jahrhunderts n. Chr., als ein sogenannter Soldatenkaiser nach

NVMERI PLACENT

ALTE KAMERADEN

Die Legionen waren mehr als tausend Jahre lang das Rückgrat der römischen Militärmacht. Auch wenn ihre Truppenstärke und Organisation sich durch die Zeiten wandelte, existierte manche Einheit über Jahrhunderte, aber keine davon so lange wie die *legio V Macedonica*. Ihre Gründung geht wahrscheinlich auf Augustus zurück. In der Schlacht von Actium (31 v. Chr.) half sie dem Mann, der damals noch Octavian hieß, seinen großen Widersacher Marcus Antonius – und dessen Verbündete und Geliebte Kleopatra – zu besiegen und damit den Weg zur Alleinherrschaft freizuräumen. Danach wurde die Legio V ins heutige Mazedonien verlegt, daher der Zuname. Sie war rund 130 Jahre später im Feldzug gegen die Daker dabei (siehe Caput II), taucht immer wieder in verschiedenen Quellen an verschiedenen Orten auf. Die letzte Erwähnung bezieht sich auf einen Einsatz im heutigen Ägypten etwa um 635 n. Chr. – womit die sagenumwobene Truppe beinahe **700 JAHRE** lang existiert hätte.

dem anderen sich auf dem Thron ablösen beziehungsweise einander bekriegen, sollen es bis zu sechzig Prozent gewesen sein.

Dreieinhalb oder auch fünf, wie es in den NATO-Staaten angesichts der fragilen Weltlage gefordert wird? Darüber hätte schon Marius gelacht, von Augustus und seinen Nachfolgern ganz zu schweigen. Rom lebt quasi in permanenter Kriegswirtschaft – und zwar über Jahrhunderte. Sicherlich, eine Gesellschaft, die kaum Geld für Bildung (siehe Caput IV) oder Soziales ausgeben muss, ein System, das auf Sklavenarbeit fußt (siehe Caput XII) und entsprechend keine Mittel für Kranken- oder Renten-, geschweige denn Arbeitslosenversicherung vorhalten muss, kann deutlich mehr in Ausrüstung und Unterhalt seiner Legionen stecken. Trotzdem ist sich die Forschung heute einig: Am Niedergang des einst so mächtigen Rom ist nicht nur der wachsende Druck von außen schuld. Die innere Aushöhlung hat einen mindestens ebenso großen Anteil. Der Staat hat sich auf Dauer finanziell übernommen, Inflation ist die Folge und damit der wirtschaftliche Abstieg (siehe Caput XVIII).

Und so erben wir vielleicht zweierlei: Rom hat vorgemacht, wie man einen militärischen Apparat in beispielloser Weise professionalisiert. Seine Legionen bleiben über Jahrhunderte hinweg unangefochten die beste und schlagkräftigste Armee des Planeten, die dem Imperium seinen Status als Supermacht sichert. Aber auch das Ende sollte mahnendes Beispiel sein. Schlussendlich ist das System, das quasi komplett auf sein Militär ausgerichtet ist, nicht überlebensfähig.

CAPUT II

DIE MINUSKELN SPIELEN LASSEN

WARUM WIR (FAST) WIE RÖMER SCHREIBEN – ABER NICHT SO RECHNEN

Eigentlich sind die Daker selbst schuld, oder? Jahrelang haben sie wie ein eingetretener Dorn den Römern Schmerzen zugefügt. Nie lebensbedrohlich, aber unangenehm. Erst wagen sie es, aus ihrem Siedlungsgebiet jenseits der Donau in Moesia einzufallen, der angrenzenden römischen Provinz. Als Kaiser Domitian (51 bis 96 n. Chr.) zur Vergeltung Strafexpeditionen schickt, werden die von den Dakern unter ihrem König Decebal immer wieder geschlagen. Nicht nur deswegen sind viele in Rom froh, als Domitian im Jahr 96 n. Chr. endlich einem Mordkomplott zum Opfer fällt und nach dem kurzen Auftritt Nervas, eines ältlichen Senators, den man als Interimsherrscher eingesetzt hatte, im Jahr 98 n. Chr. Nervas Adoptivsohn Trajan den Thron besteigt – und von Anfang an klarstellt: Dieser Dorn an der Donau? Gehört ein für alle Mal ausgerissen und unschädlich gemacht.

Gewissenhaft bereitet Trajan den Feldzug vor; die früheren Niederlagen im Hinterkopf, plant und durchdenkt er alle Eventualitäten. »Trajan führte den Krieg mehr behutsam als hitzig«, attestiert ihm der Geschichtsschreiber Cassius Dio (etwa 163 bis 235 n. Chr.) in seiner *Historia Romana* – beziehungsweise *Ῥωμαϊκὴ Ἱστορία*, wie das Opus im griechischen Original heißt – etwa hundert Jahre später. Mit Erfolg: Am Ende sieht Decebal, so lässt es uns Dio wissen, sein »ganzes Reich in des Feindes Händen, sich selbst in Gefahr, lebendig gefangen zu werden« – und tut, was man damals halt tun muss: Er fällt in sein eigenes Schwert. Zufrieden schließt Dio seinen Bericht: »Sein Kopf ward nach Rom gebracht, Dakien zu einer Römischen Provinz gemacht und von Trajan durch neue Kolonisten bevölkert.« Zack, fertig, aus.

Und mehr noch: Mit Trajans Triumph jenseits der Donau ist nicht nur der lästige Ärger dort abgestellt, sondern damit ist auch das Imperium noch einmal ordentlich bis ins heutige Rumänien gewachsen. Niemals zuvor – und nie mehr danach – wird das Römische Reich größer sein, als nach Trajans Siegen. Und der Ruhm des Kaisers auch nicht. Ganz S. P. Q. R. ist dem Herrscher dankbar.

Damit niemand Trajans Heldentaten vergisst, selbst die nicht, denen es zu mühsam oder langweilig ist, sie bei Dio im Original oder in der lateinischen Übersetzung nachzulesen, werden sie sogar bildlich festgehalten – auf der rekordverdächtigen Länge von 200 Metern, bevölkert von mehr als 2500 Figuren, darunter 58-mal Trajan selbst, und in 155 Szenen. Ein Monumentalfilm in Stein gemeißelt!

Und bis heute zu bewundern, auch wenn der Zahn der Zeit, Wind, Wetter und Abgase von den umliegenden Straßen dem Meisterwerk seither sichtbar zugesetzt haben: Die Trajanssäule ragt noch immer fast vierzig Meter hoch aus dem Stadtzentrum Roms, an ihrem Fuß ist noch immer die Widmung zu lesen: »Senat und Volk von Rom dem Imperator Caesar Nerva Traianus Augustus, Sohn des vergöttlichten Nerva, Bezwinger der Germanen und der Daker«. Im Original sieht das allerdings so aus:

SENATVSPOPVLVSQVEROMANVS
IMPCAESARIDIVINERVAEFNERVAE
TRAIANOAVGGERMDACICO

Und damit sind wir beim eigentlichen Thema. Die Inschrift, die vor knapp zweitausend Jahren ein namenloser Steinmetz in den Marmor am Fuß der Trajanssäule gemeißelt hat, gilt als eines der schönsten Beispiele für die *Capitalis Monumentalis*, sozusagen die römische Standardtypo für Inschriften und dergleichen. Auch bekannt als Lapidarschrift – weil damit vor allem Stein, lateinisch: *lapis*, betextet wurde. Sie ist aber auch Vorbild für die ersten modernen Schrifttypen, wie beispielsweise die Antiqua, die mit der Entwicklung des Buchdrucks in Gebrauch kommen – und in modifizierten Formen, Stichwort: *Times New Roman*, bis heute weltweit benutzt werden.

Dabei fallen dem Bildungsreisenden beim Besuch der Trajanssäule schon ein paar Dinge auf, die dem unbedarften Betrachter den Lesefluss nicht eben erleichtern: Das römische Alphabet hat zum Beispiel nur 21 Buchstaben. Zum Vergleich: Im Deutschen sind es 26 – plus Umlaute und Eszett. Zwar verwenden die Römer, anders als die Phönizier, von denen die Schrift ihren Weg via Griechenland nach Italien genommen hat, Vokale – das ist natürlich schon ungemein hilfreich –, dennoch gibt es

NVMERI PLACENT

GIB MIR BITTE NOCH EIN W

Das römische Alphabet kam mit nur **21 BUCHSTABEN** aus – unter anderem, weil manche davon gleich mehrere Lautwerte haben konnten. Es gab nur ein V, das aber auch wie ein U klingen konnte. Jedem Lateinsprechenden war aber klar, dass CORVVS VVLT kein sonderbares Akronym und auch kein Badeort an der kroatischen Adria ist – sondern als »corvus vult« gesprochen wird, »der Rabe will«. Am Übergang von der Spätantike zum Mittelalter wurde in der Schriftsprache dann erstmals differenziert und das V untenrum runder, wenn es für einen U-Laut stand. Streng linguistisch betrachtet, stand das römische V außerdem noch für den Halbvokal, den wir heute W nennen. Also der stimmhafte Reibelaut, mit dem das Wwwort beginnt – im Gegensatz zum stimmlosen Vvvogel. Auch hier wurde irgendwann ab dem Mittelalter Abhilfe geschaffen, indem man für die stimmhafte Vvversion ein doppeltes V schrieb, woran der Name des Buchstabens etwa in den romanischen Sprachen bis heute erinnert: *double vé*, heißt das W im Französischen, *doppia vu* auf Italienisch.

eine Reihe Buchstaben, die quasi eine Mehrfachfunktion übernehmen. Das V kann wie U, wie V oder W klingen. Das I auch ein J sein. Und ob das C nun aus Trajans Vorgänger einen Zäsar oder einen Käsar macht? Darüber streiten die Gelehrten bis heute gern.

Noch deutlich lesehemmender ist jedoch die Abwesenheit von Worttrennungen. Wer genau hinsieht, erkennt zwar, dass der Steinmetz gnädigerweise kleine Punkte in den Marmor geschlagen hat, wo ein Wort endet und das nächste beginnt – aber das ist schon ein Zugeständnis und nicht die Regel bei der sogenannten *scriptio continua*, der durchgängigen Schrift. Kommen dann noch Abkürzungen hinzu – der IMP ist der Imperator, kann man sich vielleicht zusammenreimen, aber dass F den *filius* meint, den Sohn, muss man schon wissen –, wird der Lesespaß vollends zur Herausforderung, selbst mit Latein als Muttersprache.

Ebensowenig kennt man übrigens Satzzeichen. Das fällt bei einer Inschrift wie dieser nicht ins Gewicht, in anderen Texten schon. Wer kennt schließlich nicht den Schlussredakteurswitz von den Satzzeichen, die Leben retten können? »Wir essen, Opa!«, ist eine freundliche Aufforderung. Ein Komma weniger, und der Satz könnte von Hannibal Lecter stammen: »Wir essen Opa!«

Über solche semantischen Feinheiten dürfte sich auch schon Marcus Tullius Cicero (106 bis 43 v. Chr.) – Kikero? –, Redner, Politiker, Anwalt, Philosoph und antiker Vielschreiber, seine Gedanken gemacht haben. Wir wissen jedenfalls, dass Cicero in seine Texte, vor allem in seine Reden, händisch Zeichen malte. Als individuelle Lesehilfe sozusagen, so wie eine Rednerin, ein Sprecher sich heute im Manuskript Betonungen oder Atempausen markieren mag. Dass aus solchen individuellen Marken Punkt, Punkt, Komma, Strich, eine halbwegs vereinheitlichte Zeichensetzung wird, haben die Römer allerdings nicht mehr selbst erlebt, das entwickelt sich erst in der Renaissance.

Die *Capitalis Monumentalis* gilt zwar als eine Art Idealschrift. Die einzige ist es aber nicht. Auch wenn sie die Typo ist, die wir in der Regel vor Augen haben, denken wir ans alte Rom. Aber dann haben wir eben auch Inschriften wie die Widmung am Fuße der Trajanssäule vor Augen. Wenn Cicero zum Griffel griff, um seine Gedanken niederzulegen, sah das sicherlich ganz anders aus. Originale sind nicht erhalten. Der Mann meißelte ja nicht in

BONVM SCIRE

LEERZEICHEN FÜRS GEHIRN

Geübte Leserinnen und Leser schaffen pro Minute zweihundert bis dreihundert Wörter. Für diesen kurzen Text hier benötigen sie also ungefähr vierzig Sekunden, gern mal ausprobieren. Das funktioniert allerdings nur, wenn ich nicht Buchstabe für Buchstabe, Silbe für Silbe dechiffrieren muss, sondern mich auf die Wortmustererkennung meines Gehirns verlassen kann. Vereinfacht gesagt, wird dabei unter anderem vom Anfangs- und Endbuchstaben eines Begriffes auf denselben in seiner Gesamtheit geschlossen. Das funktioniert, weil das Gehirn parallel den Satzbau und den Sinnzusammenhang analysiert und daraus ableiten kann, welches Wort gemeint ist. Leider liegen uns keine Untersuchungsergebnisse aus der Vergangenheit vor, wenn es derlei Untersuchungen überhaupt gegeben hat, aber es ist ziemlich sicher, dass die antike Textverarbeitung lange nicht auf unser modernes Tempo kommt. Voraussetzung für das Gelingen ist nämlich, dass ein Text gut lesbar vorliegt. Nicht nur in einer leicht zu entziffernden Schrift, sondern auch mit sinnstiftenden Satzzeichen und vor allem: Worttrennungen. Der **SCRIPTIO CONTINUA**, der durchgängigen Schrift, wie sie damals Standard war, fehlte genau das. Römerinnen und Römer haben daher meist so gelesen, wie es heutige Grundschulkinder tun: laut. Oder zumindest mit deutlichen Lippenbewegungen, um mit akustischer Unterstützung auf den Sinngehalt zu schließen.

Marmor, sondern beschrieb Papyrus oder Wachstafeln, die es natürlich schwerer haben, die Jahrtausende zu überstehen. Manchmal gelingen allerdings erstaunliche Funde. Wie etwa die Vindolanda-Tafeln, die Archäologen vor gut fünfzig Jahren im Norden Englands in den Ruinen eines ehemaligen Römerlagers im Hinterland des Hadrianswalls entdeckten (siehe Caput XVIII). Die mit Tinte beschrieben Holzbrettchen erzählen kaum Spektakuläres. Es geht um Dinge wie Getreidelieferungen, Abrechnungen. Es gibt auch persönliche Briefe zwischen Soldaten und deren Familien. Was sie dennoch so relevant macht: Die Vindolanda-Tafeln erlauben seltene Einblicke ins Alltägliche. Sie sind besonders, weil sie eben nicht für die Ewigkeit, für die Nachwelt formuliert sind – sondern allein für den Moment. Und, was an dieser Stelle interessant ist, weil sie allesamt handschriftlich verfasst sind. Übrigens, gerade bei der privaten Korrespondenz, zuweilen in zwei deutlich unterscheidbaren Handschriften: Wer es sich leisten kann, beauftragt einen *scriptor* mit dem Verfassen der Nachricht und setzt am Ende nur noch eine persönliche Grußformel und den eigenen Namen drunter. »Sklave, zum Diktat«, sozusagen. Die Tafeln belegen auch ziemlich gut, dass die Römerinnen und Römer durchaus – und anders als heute oft angenommen – Kleinbuchstaben kennen und verwenden. Sie lassen mehr oder weniger die Minuskeln spielen, wenn auch eben eher im privaten, weniger in offiziellen Texten.

Viele dieser Manuskripte dürften noch über den Untergang Roms im 5. Jahrhundert n. Chr. hinaus existiert und dazu beigetragen haben, dass auch nach dem Ende der römischen Herrschaft die römische Schrift fortbesteht. Zumal ja viele der Stämme und Völker, die sich in diesem Machtvakuum befinden, das nun erst mal in Europa entsteht, über keine eigenen Schriftsysteme verfügen. So wie Latein als Sprache in der kirchlichen Liturgie, in den Klöstern, aber auch in den Kanzleien der Fürsten und Könige weiterverwendet wird (siehe Caput VII), geschieht es also auch mit der Schrift. Natürlich verändert sie sich, wird weiterentwickelt. Kleinbuchstaben zum Beispiel kommen aus der privaten Sphäre heraus und werden Teil des offiziellen Schriftsystems, etwa in der Kanzleischrift, die im 9. Jahrhundert n. Chr. unter Karl dem Großen entsteht. Mit der Konsolidierung der Nachfolgereiche, erst unter den Franken, später unter den deutschen Kaisern, findet das römische Alphabet beinahe europaweit flächendeckende Verwendung. Mit dem Beginn der europäischen Expansion ab dem 15. Jahrhundert bahnt es sich seinen Weg nach Amerika, nach Australien, nach Afrika: Kolonialismus und Imperialismus sorgen dafür, dass das römische Alphabet – ergänzt um regionale Anpassungen wie zum Beispiel die Umlaute im Deutschen – heute von rund zwei Milliarden Menschen genutzt wird. Es ist das meistverwendete Schriftsystem des Planeten.

Das kann man – Achtung: Themenwechsel – vom Zahlensystem hingegen nicht behaupten. Auch wenn es hier und dort noch Anwendung findet, fristet es heute nur mehr ein Nischendasein. Wie kann das passieren: Buchstaben top, Zahlen flop? Während die Römer – Meister im Abgucken und Modifizieren – ihre Schrift aus dem griechischen Alphabet entwickeln, kommen die Vorläufer der Zahlen von ihren Nachbarn, den Etruskern – übrigens genau wie die Angewohnheit, aus den Eingeweiden von Tieren die Zukunft beziehungsweise den Willen der Götter lesen zu wollen. Aber das nur am Rande.

Das Zahlensystem besteht, jedenfalls in der standardisierten Form, aus relativ wenigen Zeichen, von I für 1 bis M für 1000, die additiv, manchmal auch subtraktiv verwendet werden können. Hä? Ganz einfach, ganz logisch: Man reiht die Zeichen in absteigender Folge aneinander und zählt schließlich aus den einzelnen Werten die Summe zusammen. DCCLIII würde man zum Beispiel das legendäre Gründungsdatum Roms schreiben: 500 + 100 + 100 + 50 + 1 + 1 + 1 = 753. (Betonung auf *würde*, das hat natürlich 753 Jahre vor Christi Geburt – und auch lange danach – erst einmal niemand so gemacht. Es dauert noch eine ganze Weile, ehe die christliche Zeitrechnung überhaupt Verwendung findet (siehe CAPUT XI).) Subtraktiv wird es, wenn man eine 4 anstatt so: IIII, auf diese Art schreibt: IV. Also der 5 eine 1 voranstellt, was signalisiert, dass sie abgezogen werden muss. Alles klar? Eigentlich schon. Doch je größer ein Wert wird, desto näher rücken die Grenzen des Systems. Wer kennt nicht die Datumsangaben über Rathausportalen oder Kirchentüren, die auf das Baujahr hinweisen – und zuweilen ähnlich lang sind wie der Name des Erbauers? Und hier bewegen wir uns noch im einstelligen Tausenderbereich. Was ist, wenn es deutlich darüber hinausgeht: Als von Kaiser Augustus ein Gebot ausgeht, dass alle Welt sich zählen lassen soll, was kommt am Ende heraus? Dass das Imperium – nach heutigen Schätzungen – zwischen 45 und 70 Millio-

NVMERI PLACENT

KEINE ABKÜRZUNGEN

Beneidenswert, die Römerinnen und Römer kamen mit nur **SIEBEN ZAHLZEICHEN** aus, um mehr oder minder jede natürliche Zahl darstellen zu können. Oder etwa nicht? Tatsächlich ist die Verwendung von I, V, X, L, C, D, M erst im Mittelalter, also lange nach dem Untergang Westroms verbindlich festgelegt worden. In den mehr als 1000 Jahren von der Stadtgründung bis dahin gab es hingegen unterschiedliche Darstellungsformen. Apropos 1000: Das entsprechende Zahlzeichen M taucht in dieser Zeit eher selten auf, es hat sich aus einem älteren Zeichen entwickelt, das ungefähr so aussah: Φ. Gleiches gilt für das C, den Wert 100. Das ist eine Vereinfachung des Sterns aus drei gekreuzten Strichen, den die Römer von den Etruskern übernommen hatten. Das heißt, auch wenn es als Eselsbrücke damals wie heute getaugt haben mag: M ist kein Kürzel für *mille*, C nicht für *centum*!

nen Menschen umfasst. Aber wie mag das Reporting dazu aussehen, wenn das größte Zahlzeichen M für 1000 war? Tatsächlich gibt es Lösungen. Eine Methode ist das *vinculum*, ein Querbalken, den man über eine oder sogar mehrere Zahlen schreibt – und der sozusagen eine Tausenderpotenz anzeigt. Das M mit *vinculum* ist also schon eine Million. Und, auch das sei noch erwähnt, auch wenn es kleiner eins wird, stellt das erst mal kein Problem dar. Man kennt auch Möglichkeiten, Brüche darzustellen.

Mit anderen Worten: Auch wenn das System für uns gewöhnungsbedürftig scheint, ist es doch einigermaßen praktikabel und wird nicht nur im Römischen Reich verwendet, sondern noch bis weit ins Mittelalter hinein. Wiederum, ähnlich wie bei der Schrift, zumindest in Teilen aus Ermangelung einer Alternative: Welche nicht römische Kultur Europas kann schon mit einem eigenen Zahlensystem aufwarten? Die Alternative bricht sich allerdings ab dem 7. Jahrhundert Bahn: mit der Expansion des Islam, in Europa vor allem durch die Eroberung der Iberischen Halbinsel ab dem frühen 8. Jahrhundert. Die Mauren bringen neben vielen anderen Dingen – neue Technologien, wegweisende Medizinkenntnisse, religiöse Toleranz – auch die arabischen Zahlen in die ehemals römische Welt. Und die funktionieren ganz anders, als man es bis dahin kennt. Ein Dezimalsystem mit Einer-, Zehner-, Hunderter- und so weiter -Stellen. Und vor allem mit einer Zahl, die in Europa bis dahin nicht existiert hat: der Null.

Der Haken an der Sache: So klar und logisch und vielseitig das arabische System ist (und so sehr dem römischen überlegen), es ist dummerweise eben genau das: arabisch. Fremd. Heidnisch. Obwohl schon Leonardo da Pisa, besser bekannt als Fibonacci, der größte – europäische – Mathematiker des Mittelalters, die Vorzüge lobt, dauert es tatsächlich bis in die Renaissance, bis sich die arabischen Zahlen endlich flächendeckend durchsetzen. Für die aufkeimenden Naturwissenschaften zum Beispiel und ihren

Drang nach Exaktheit ist das römische System zunehmend unpraktikabel. Es verschwindet auch aus anderen Bereichen des Lebens. Kaufleute rechnen arabisch, Steuereintreiber und Generäle.

Erhalten bleiben die römischen Zahlen im Grunde nur dort, wo es weniger ums Berechnen von Gewichten und Entfernungen oder Truppenstärken geht. Sondern da, wo Zahlen vor allem symbolischen Wert haben – siehe oben: die bereits erwähnten Baudenkmäler. Oder auf den Zifferblättern der Kirchturmuhren, für Kapitelnummern, wie wir es auch in diesem Buch hier praktizieren: Das wirkt einfach kultivierter, gebildeter, verströmt Autorität … Andere möchten damit Kontinuität, Tradition, Geschichtsbewusstsein suggerieren. Das sieht man etwa bei Päpsten, Kaisern und Königen. Natürlich sprechen beziehungsweise schreiben wir von Königin Elizabeth II. und ihrem Sohn, König Charles IV. (mit der subtraktiven 4). Elizabeth 2, Charles 4? Sieht eher aus wie die nächste Staffel einer Erfolgsserie. Oder wie ein Schiff: Bis heute kreuzt die Queen Mary 2 über die Meere, der letzte *Ocean Liner* des Planeten. Traditionalisten, aufgepasst: Die Zahl im Namen ist aber kein geschichtsvergessener Modernismus, sondern konsequent: Das Schiff ist nicht nach Mary II. benannt (die gab es, sie saß Ende des 17. Jahrhunderts neben William III. auf dem englischen Thron) – sondern nach Maria Augusta Louise Olga Pauline Claudine Agnes von Teck, der Frau von König Georg V. – im Vereinigten Königreich besser bekannt als Queen Mary. Die 2 hat mit ihr nichts zu tun. Die weist schlicht darauf hin, dass es bereits das zweite Schiff dieses Namens ist.

CAPUT III

ETWAS BROT UND GANZ VIEL SPIELE

WIE MAN EIN VOLK RUHIGSTELLT

Gefällt es euch nicht?« Er kann es nicht fassen. Eben noch hat Maximus den letzten Gegner in der Arena ebenso kraft- wie kunstvoll mit zwei Schwertern tranchiert, doch kaum kullert der abgetrennte Kopf in den blutnassen Sand der Arena, verstummt die grölende Menge im Rund des Amphitheaters. Was ist los mit den Leuten, sind sie etwa erschrocken angesichts dieses krassen Ausbruchs roher Gewalt, des Blutes, der herumliegenden Körperteile? Maximus, der jetzt als letzter Überlebender inmitten dieses Massakers steht, sieht sich ungläubig um. »Unterhalte ich euch nicht?«, brüllt er ins Rund. »Seid ihr nicht deshalb hier?« Angewidert spuckt er aus und will sich zum Gehen wenden – da hebt der Jubel an: »Spanier, Spanier«, deklamiert das Publikum. So lautstark, dass es bis weit hinter die Mauern der Arena zu hören ist.

»Spanier«, das ist der Name, den Maximus zu diesem Zeitpunkt noch trägt. Als niemand ahnt, dass er in Wahrheit ein römischer General ist, der sich dummerweise mit Commodus (161 bis 192 n. Chr.) überworfen hat, Kaiser, Sohn Marc Aurels und nicht wirklich eine Traumbesetzung für den Thron (siehe Caput VIII). Ein fiktiver General allerdings: Maximus ist die Hauptfigur, deren Schicksal als »Gladiator« wir zweieinhalb Stunden im gleichnamigen Film erleben dürfen: Seinen Aufstieg zum Helden der Arena, zum unbesiegbaren, gefeierten Kämpfer – der seine Fans dennoch bis zum Schluss im Grunde seines Herzens verachtet, ihre Blutgier, ihr Schwelgen in Mord und

Totschlag. Das ist Fiktion, klar. Allerdings eher der erste Teil davon, also Maximus' Skrupel. Nicht aber, dass Gladiatorenkämpfe in all ihrer Brutalität zu den beliebtesten Unterhaltungsangeboten Roms gehören. Sie stellen meist den Höhepunkt eines Veranstaltungstages in einem Amphitheater wie etwa dem Kolosseum in Rom dar.

BONUM SCIRE

AUF DIE GRÖSSE KOMMT'S NICHT AN

Südöstlich von Roms heutigem Zentrum liegt der einstige Mittelpunkt der Stadt, das Forum. Dahinter erhebt sich majestätisch, unübersehbar das mit Abstand größte Amphitheater der antiken Welt. Einst mit Platz für bis zu 50 000 Zuschauer, zieht es noch heute jährlich rund sieben Millionen Schaulustige an. Gewaltige Zahlen! Dass der Bau gemeinhin als **KOLOSSEUM** bekannt ist, hat mit seinen Dimensionen allerdings nichts zu tun. Wer herumirrend in den Straßen des alten Roms nach dem Weg dorthin gefragt hätte, hätte nur ratlose Blicke geerntet. Den Römerinnen und Römern war der Ort von Gladiatorenkämpfen und Tierhetzen als *Amhphitheatrum Flavium* bekannt, als flavisches Amphitheater. Namensgebend die Initiatoren des Baus, die Kaiser Vespasian und Titus aus der flavischen Dynastie, die das Gebäude zwischen 72 und 80 n. Chr. errichten ließen. Und zwar gleich neben einer riesenhaften Statue von Vespasians Vorgänger Nero (37 bis 68 n. Chr.). Dieser Koloss ist zwar, anders als das Amphitheater, seit dem Mittelalter Geschichte. Bis dahin diente er aber als praktischer Referenzpunkt zur Orientierung in der Stadt, wobei sein Name langsam, aber stetig auf das danebenliegende Amphitheater, das **KOLOSSEUM**, überging.

Für die einfachen Leute beginnt ein solcher Tag schon bei Morgengrauen. Auch wenn das Kolosseum Platz für bis zu 50 000 Menschen bietet, ist der schnell gefüllt in einer Millionenstadt wie Rom. Um den Zustrom zu steuern, ist für den Einlass ein Ticket nötig. Das gibt es in der Regel zwar kostenlos, aber umso schwieriger ist es womöglich, ein solches zu ergattern. Ausgegeben werden diese *tesserae* vom jeweiligen Veranstalter, also dem Kaiser selbst oder einem wohlhabenden Sponsor. Der stellt sich selbstverständlich nicht persönlich aufs Forum, um die Eintrittskarten zu verteilen, das läuft über Zwischenstationen. Einflussreiche Bürger, Offiziere oder Beamte erhalten Kontingente – und geben diese wiederum nach Gutdünken weiter (wer mal versucht hat, Tickets für ein internationales Sport-Event wie eine Fußballweltmeisterschaft zu ergattern, mag Parallelen fühlen). So kann man sich Loyalität erkaufen. Zum Beispiel, um sich im anstehenden Wahlkampf das Votum für den nächsten Karriereschritt im *cursus honorum* zu sichern, der Beamtenlaufbahn, die einen bis in die höchsten Staatsämter tragen kann (siehe Caput XVI).

Man hat bis heute Hunderte solcher *tesserae* gefunden. Nicht nur, aber vor allem in Rom rund ums Kolosseum. Dabei handelt es sich um Scheiben etwa aus Ton oder Knochen, auf denen Sektor und Sitzreihe vermerkt sind. Auch die Zugangsnummer ist dort zu finden – nicht unwesentlich, immerhin verfügt das Kolosseum über achtzig Eingänge, um die Besucherströme effizient zu lenken.

Hat das Publikum seine Plätze eingenommen, kündigen Fanfaren schließlich den Beginn der Veranstaltung an. In einer feierlichen Zeremonie werden die Spiele vom Veranstalter eröffnet. In besonderen Fällen ist das der Kaiser persönlich, sonst ein hoher Beamter oder eben der Sponsor, der für das jeweilige Spektakel bezahlt hat. Wie es heute mit den Athletinnen und Athleten bei der Eröffnung der Olympischen Spiele üblich ist, werden dem Publikum dann sämtliche wilden Tiere, alle Gladiatoren vorgeführt, um deren Schicksal es im weiteren Verlauf des Tages gehen wird.

Als Erstes stehen meist die *venationes* auf dem Programm. Das sind die Tierhetzen, bei denen zum Beispiel Löwen, Tiger und Elefanten ins Rund der Arena getrieben werden, wo sie wahlweise auf die *venatores* oder *bestiarii* treffen. *Venatores* sind, wie Gladiatoren, speziell ausgebildete Kämpfer, die den Tieren gerüstet und bewaffnet gegenübertreten. Auch wenn sie, wie Gladiatoren, vielleicht nicht immer ganz freiwillig diesen Karriereweg eingeschlagen haben, winkt ihnen doch die Aussicht, sich ein gewisses Prestige und sogar ein gewisses Vermögen erkämpfen zu können, vorausgesetzt, ihr Erfolg hält an. Anders liegt die Sache bei den *bestiarii*. Auch wenn die Jobbezeichnung zunächst Furcht einflößend klingt, ist es bei Licht betrachtet eigentlich gar keine: ein *bestiarius* ist, wer zur *damnatio ad bestias* verurteilt wird, der vielleicht entwürdigendsten Hinrichtungsart, die die Römer kennen (und sie kennen einige): Meist nackt und unbewaffnet werden Delinquenten wie entflohene Sklaven, Schwerverbrecher oder, ganz schlimm, Christen in die Arena gestoßen oder gleich dort an einen Pfahl gebunden, wo man dann zum Beispiel ausgehungerte Raubkatzen auf sie hetzt. Besonders kreativ ist Gnaeus Pompeius Magnus (106 bis 48 v. Chr.), Julius Cäsars anfänglicher Verbündeter und späterer Gegner im Bürgerkrieg. Der lässt sich bei von ihm gesponserten Spielen programmatisch von einer indischen Tradition inspirieren, bei der man Menschen von Elefanten zertrampeln lässt.

Eine andere Form der Hinrichtung folgt dann häufig gegen Mittag. Bei Inszenierungen mythologischer Szenen lässt man Verurteilte auf mal mehr, mal weniger grausame Art zu Tode kommen. Etwa als Prometheus, der den Menschen, so die Sage, das Feuer gebracht hat, woraufhin die Götter ihn damit bestrafen, dass ein Adler ihm Tag für Tag die Leber aus dem Leib pickt. Der Sagenfigur wächst das Organ immer wieder nach, was seine

Qualen unendlich andauern lässt. Immerhin hier ist der Normalsterbliche im Vorteil: Er kann nur einmal verbluten. Achtung, wichtig: Trotzdem soll das Publikum aus einem solchen Spektakel nicht nur eine Befriedigung seines Blutrausches mitnehmen. Die Show soll auch moralbildend wirken, indem eben nicht nur die Bestrafung inszeniert wird, sondern auch das Delikt, das ihr vorausgeht.

Wem das alles bis hierher noch nicht spannend genug war, kann sich auf den Nachmittag freuen. Denn endlich schlägt die Stunde der Gladiatoren, und deren Kämpfe zu verfolgen bietet natürlich deutlich mehr Nervenkitzel als die Beobachtung, wie ein wehrloser Mensch im Löwenmaul verschwindet. Die Gladiatoren sind gut ausgebildet, verstehen ihr Handwerk, haben sich spezialisiert. Für gewöhnlich treten dabei knapp ein Dutzend unterschiedlicher Kämpfertypen an. Etwa der *retiarius*, mit Wurfnetz, Dolch und Dreizack ausgestattet. Oder der *thraex*, bewaffnet mit Krummschwert und Rundschild. In unterschiedlichen Konstellationen werden sie aufeinander losgelassen, gleich ist eigentlich meist nur der Ausgang: Es wird gekämpft, bis ein Sieger feststeht. Entgegen einer weitverbreiteten Annahme endet das Ganze aber nicht zwangsläufig tödlich. Der Unterlegene darf zuweilen auf Begnadigung durch Veranstalter oder Publikum hoffen. Sei es, weil er sich wacker geschlagen hat. Oder weil dem Veranstalter die Sache sonst schlicht zu kostspielig wird: Gladiatoren auszubilden braucht Zeit und Geld, es würde sich kaum rechnen, wäre der Kader nach jedem Veranstaltungstag in der Arena halbiert.

Die Kämpfe ziehen sich meist bis spät in den Nachmittag hinein. Um die Ausdauer des Publikums zu unterstützen, werden Snacks gereicht. Auch Wein und andere Erfrischungen. Zudem ist das Kolosseum mit einer ausgeklügelten Vorrichtung versehen, die es erlaubt, gewaltige Segel aufzuspannen, damit die Zuschauerinnen und Zuschauer vor Sonnenbrand und -stich geschützt sind. Um die Spannung zu halten, wird das Gemetzel im Sand der Arena zudem immer wieder von anderen Darbietungen unterbrochen, Musikeinlagen oder Akrobatik zum Beispiel. Bis das Ganze am Abend mit einer Siegerehrung endet, bei der Gladiatoren, die sich besonders hervorgetan haben, mit Geldpreisen belohnt werden – oder im besten aller Fälle mit dem *rudis*, einem Holzschwert, das einen Gladiator symbolisch von seiner Pflicht zu kämpfen entbindet und zum freien Mann macht: Gladiatoren sind Sklaven.

Das Kolosseum in Rom ist aufgrund seiner Dimensionen, die es locker mit denen heutiger Stadien aufnehmen können, herausragend. Es verfügt auch über technische Möglichkeiten, die andernorts fehlen. Beispielsweise lässt sich die Arena fluten, um

NVMERI PLACENT

SPEKTAKEL UND KEIN ENDE

Abgeschreckt von Kinofilmen in Überlänge (Stichwort: »Gladiator«)? Ermüdet von zweieinhalb Stunden Theater, womöglich ohne Pause? Dann sind die antiken Spiele vielleicht erst recht nicht das richtige Freizeitangebot. Schon bei der Eröffnung des Kolosseums im Jahr 80 n. Chr. ließ Kaiser Titus sie **100 TAGE** lang am Stück stattfinden. Wobei man natürlich fairerweise sagen muss, dass das Publikum täglich wechselte – ebenso wie viele der Darsteller. Das ging auch kaum anders, viele überlebten ihre Auftritte schließlich nicht. Rekordhalter ist Kaiser Trajan. Der feierte seinen Sieg über die Daker, ein Volk im heutigen Rumänien und Ungarn (siehe Caput I), mit den wahrscheinlich ressourcenintensivsten Spielen aller Zeiten. Sie dauerten sogar 120 Tage, wobei angeblich rund 11 000 Tiere und beinahe ebenso viele Gladiatoren zu Tode kamen.

darin Seeschlachten auszutragen. Amphitheater gibt es jedoch in mehr oder minder jeder römischen Stadt, zuweilen kaum weniger beeindruckend: Der Bau im süditalienischen Capua fasst ebenfalls um die 50 000 Zuschauer, El Djem, im heutigen Tunesien gelegen, immerhin 35 000. Auch in den germanischen Provinzen, also dem Teil des Imperiums, der heute zu Deutschland zählt, sind Bauten dieser Art nachgewiesen. Etwa in Trier, wo immerhin 20 000 Menschen Platz fanden (siehe Caput XIV). Ähnlich sieht es in Mainz oder Köln aus – müssen wir jedenfalls annehmen: Auch wenn der archäologische Nachweis aussteht, Hinweise in literarischen Quellen deuten darauf hin.

Aus diesen literarischen Quellen geht auch hervor, dass der Ablauf der Spiele zwar in der Regel ähnlich ist, aber regional angepasst wird: In spanischen Arenen gehören Stierkämpfe ins Programm, anderswo Reiterspiele oder inszenierte Jagden. Es müssen auch nicht zwangsweise Tiger, Löwen und Leoparden bis nach Gallien, Germanien oder gar Britannien verschifft werden, um dort über verurteilte Delinquenten herzufallen. Heimische Bären, Wölfe und Wildschweine erfüllen die Aufgabe ebenso gut und verleihen dem Ganzen zudem ein gewisses Lokalkolorit. Nicht unwichtig, denn schließlich soll nicht nur die römische Diaspora – Beamte, Militärs –, sondern auch die einheimische Bevölkerung mit diesen Veranstaltungen abgeholt, besser noch ins ehrfürchtige Staunen versetzt werden: Seht her, zu welch durchinszeniertem Spektakel unsere römische Kultur fähig ist. So etwas würdet ihr Germanen/Kelten/Gallier/Pikten/Iberer niemals organisiert bekommen!

Und ihr würdet es euch erst recht nicht leisten können. Spiele sind teuer, nur die Vermögendsten sind finanziell in der Lage, als Veranstalter aufzutreten. Es ist kein Geschäftsmodell im engeren Sinne, wer auch immer solche Spektakel organisiert, zahlt drauf – und zwar nicht zu knapp. Ein erfolgreicher Gladiator ist etwa 15 000 Sesterzen wert, bei den Wildtieren reicht die Bandbreite vom Löwen für 2000 bis zum Elefanten für 200 000 Sesterzen. Zum Vergleich: Der Jahressold eines einfachen Legionärs beträgt keine 1000 Sesterzen. Warum findet sich trotzdem immer jemand, der bereit ist, dafür Millionenbeträge rauszuhauen? Weil das ganze Spektakel einem tieferen Zweck dient, als nur irgendwelche sadistischen Neigungen zu bedienen. Es ist vor allem ein Mittel, die Menschen ruhigzustellen. Ihnen ausreichend Unterhaltungsprogramm zu bieten und damit von etwaigen Sorgen und Unzufriedenheiten abzulenken. Die Steuerlast drückt, der Brotpreis ist schon wieder gestiegen, und die Wohnsituation in den engen, lauten und schmutzigen *insulae*, die das Gros der Stadtbevölkerung beherbergen (siehe Caput XIV), war auch schon mal besser? Kann sein, aber dafür wurde neulich kostenlos Getreide verteilt. Und jetzt besprechen wir erst mal die ent-

SEMPER VERBA RECTA

DER ALTE TRICK

In seiner Satire Nummer Zehn wird Decimus Junius Juvenalis (ungefähr 60 bis 127 n. Chr.), kurz Juvenal, sehr deutlich: *nam qui dabat olim imperium, fasces, legiones, omnia, nunc se continet atque duas tantum res anxius optat,* **PANEM ET CIRCENSES** – wie kann es sein, dass die einst so stolzen Bürger Roms, die Kommandos, Konsulate und Legionen vergaben, ihr ängstliches Verlangen eigentlich nur noch auf zwei Dinge richten: Brot und Spiele? (Nicht nur mit der Unterhaltung im Kolosseum wurde das Volk immer wieder ruhiggestellt, sondern auch mit kostenlosen Getreidelieferungen.) Der alte Weckruf hat damals kaum gefruchtet – und selten in den knapp zweitausend Jahren seither. Immerhin, heute ist er ein geflügeltes Wort für genau das, was Juvenal schon anprangerte: Wie das Volk, wie wir, immer wieder auf dieselbe Strategie zum Machterhalt reinfallen und uns nur allzu gern und schnell einlullen lassen.

täuschende Leistung des *retiarius* da eben, oder ob Nashörner oder Elefanten die beeindruckenderen Tiere sind – die man jedenfalls beide niemals zu Gesicht bekäme, würde der Kaiser sie nicht, weder Kosten noch Mühen scheuend, von Jupiter weiß woher zu unserem Vergnügen heranschaffen.

Auch wenn es literarisch überspitzt sein mag: Glaubt man dem Satiriker Decimus Junius Juvenalis, scheinen viele Römerinnen und Römer dabei die wesentlichen Fragen dauerhaft aus dem Blick zu verlieren, sind sie doch quasi zunehmend entpolitisiert von den immer aufwendigeren, spektakuläreren und längeren Shows. Wir wissen nicht, wo Juvenal starb, nicht einmal, wann. Also lässt sich nicht nachprüfen, wie oft er sich inzwischen im Grabe umgedreht haben mag. Aber ob er geahnt hat, dass die römische Elite damit ein Herrschaftsinstrument erfunden oder zumindest perfektioniert hat, das bis heute funktioniert? Vor allem totalitäre Systeme, Diktaturen und Autokratien bedienen sich immer wieder des Prinzips von Brot und Spielen. Man denke nur an die Inszenierungen der Nationalsozialisten – vom Reichsparteitag bis zu den Olympischen Spielen 1936 in Berlin. Oder an den staatsgelenkten – und -subventionierten – Massentourismus durch die Organisation »Kraft durch Freude«. Und auch wenn die Veranstalter sportlicher Großevents – Weltmeisterschaften, Olympische Spiele – ebenso wie die (meisten) Fernsehsender oder Social-Media-Plattformen eher profitorientiert und im eigenen Interesse unterwegs sind, als dem irgendwelcher Regierungen zu dienen: Dass ein bewegtbildsediertes oder vom Rausch der erfolgreichen Nationalmannschaft auf dem Weg ins Finale mitgerissenes Volk in der Regel weniger kritisch das Tun und Lassen der Obrigkeit beäugt, ist kein Geheimnis.

Immerhin, heute enden derlei Veranstaltungen nicht mehr mit Tausenden Toten im Sand einer blutnassen Arena – sondern schlimmstenfalls mit ein paar Sprunggelenksbrüchen oder mit Anflügen von Fremdscham, wenn wieder ein C-Promi im Dschungel Fischaugen oder Ziegenhoden lutscht. Wobei Letzteres vor zweitausend Jahren wahrscheinlich auch nur ein Schulterzucken hervorgerufen hätte.

CAPUT IV

KLASSISCHE BILDUNG(S-UNGERECHTIGKEIT)

WAS WER WARUM IN DER SCHULE LERNTE

Kinderspiele sind es, die wir da spielen«, schreibt der Autor. »Wir verwenden viel Scharfsinn auf ganz unnötige Dinge. Dergleichen macht nicht tugendhaft, sondern höchstens gelehrt. Zu tugendhafter Gesinnung braucht man nicht viel Wissenschaft. Aber wie mit allen Dingen, so übertreiben wir es auch mit der Gelehrsamkeit: Nicht für das Leben, sondern für die Schule lernen wir!« *Non vitae sed scholae discimus!* Und dann lässt der Autor noch ein »Leb wohl!« folgen, dessen Ton man sich wahlweise resigniert oder echauffiert vorstellen kann. Der Autor? Das ist Lucius Annaeus Seneca, bekannter als Seneca der Jüngere (1 bis 65 n. Chr.), seinerzeit einer der meistgelesenen Schriftsteller Roms, angesehener Philosoph, Lehrer, später auch Berater Kaiser Neros. Was seinem Ansehen allerdings nicht wirklich guttut – weniger noch seiner Gesundheit: Als der Kaiser genug von Senecas Vorträgen in Sachen moralisch integrer Lebensführung hat (die Seneca im Übrigen selbst nicht immer einhielt), zwingt er ihn in den Suizid.

Bis dahin hat der Mann allerdings Zeit genug gehabt, um der Nachwelt diverse Theaterstücke und Satiren, eine mehrbändige Naturkunde, fünfzehn philosophische Traktate und mehr als hundert sinnschwere Briefe zu liefern. Und darin befinden sich zuweilen Gedanken, die noch zweitausend Jahre später erstaunlich aktuell klingen: Was wir in der Schule lernen, ist nicht unbedingt die konkrete Vorbereitung aufs wirkliche Leben, oder? Goethes *Faust* interpretieren können, aber schon an den banalsten Behördenschreiben scheitern? Die dritte Ableitung von Pi berechnen, aber an der ersten Steuererklärung verzweifeln? Über den Sinn und Unsinn des schulischen Curriculums wird gern gestritten, darüber, wozu Schule eigentlich da ist und was sie uns vermitteln soll. Fest steht, komplexe Steuerfragen und verklausulierte Behördenpost sind zu Senecas Zeiten sicher nicht die drängendsten Probleme. Worüber echauffiert sich beziehungsweise resigniert der Mann also?

BONUM SCIRE

DAS LOB DES AUSWENDIGLERNENS

Was macht ein Druide? Im weißen Gewand die Goldsichel schwingen und Misteln von den Bäumen schneiden, so kennen wir es aus den Asterix-Comics. Die historisch mehr als fragwürdige Quelle dazu: Plinius der Ältere (etwa 23 bis 79 n. Chr.). Doch schon vor ihm haben römische Autoren allerlei Behauptungen über die keltischen Priesterfiguren verbreitet. Unter anderem Gaius Julius Cäsar. Was Cäsar besonders beeindruckte: Die Druiden konnten beneidenswert viele Texte aus dem Gedächtnis abrufen. Aber sie mussten es auch, da keiner davon verschriftlicht war. Einerseits, glaubte Cäsar, um das **HERRSCHAFTSWISSEN** zu sichern. Andererseits »weil die meisten Menschen im Vertrauen auf das Geschriebene das sorgfältige Auswendiglernen und das Gedächtnis vernachlässigen«. Ein ebenso heikler wie valider Punkt, den Cäsar da anspricht. Ob die Druiden es nun tatsächlich so gehandhabt haben oder nur in Cäsars Fantasie – seine Beobachtung stimmt. Je mehr wir von Texten umgeben sind, umso mehr leidet die Erinnerungsfähigkeit. Je mehr Wissen ich per Mausklick oder KI-Prompt abrufen kann, desto geringer die gefühlte Notwendigkeit, es mir selbst anzueignen. Mit Folgen, weiß die Kognitionsforschung. Eine Google-Suche hat mit einer eigenen Gedächtnisleistung so viel zu tun, wie ein Fußballabend vorm Fernseher mit einem echten Work-out.

In Rom entscheidet der soziale Status über die Schullaufbahn: Kinder von Sklaven, Kinder aus der armen Unterschicht, ja sogar ein Gutteil des Mittelstandsnachwuchses bekommt schon mal gar keinen Unterricht. Schulpflicht? Fehlanzeige. Kein Lesen, Schreiben, Rechnen – oder nur in dem Maße, wie es für einen späteren Beruf gebraucht wird. Ist ja schon hilfreich, wenn ein Bäcker Zutaten korrekt abmessen kann oder der Schmied weiß, wie viele Hufeisen unter ein Pferd gehören.

Schulische Ausbildung im eigentlichen Sinne gibt es im Grunde erst ab der gehobenen Mittelschicht, und sie findet vor allem in der Oberschicht statt. Gehört man dazu, kann man sogar eine Art dreistufiges System durchlaufen: Etwa vergleichbar mit heutigen Grundschulen sind die *ludi*. Kinder ab ungefähr sieben Jahren lernen hier die Basics, die Grundlagen: Eben Lesen und Schreiben (siehe Caput II), vermittelt von einem Lehrer, dem *magister ludi*, beziehungsweise einfache Mathematik, für die der *calculator* zuständig ist – beide sind allerdings oftmals kaum gebildeter als ihre Schutzbefohlenen.

Wer es sich leisten kann, schickt den Nachwuchs nach etwa vier Jahren im *ludus* zum *grammaticus*. Achtung, kleine Einschränkung: nur den männlichen Nachwuchs. Mädchen können sich schon glücklich schätzen, hat ihnen ein *magister ludi* das eine oder andere an formaler Bildung mitgegeben. Für sie endet die Schullaufbahn, falls sie überhaupt begonnen hat, spätestens hier. Selbst solchen aus der obersten Oberschicht werden danach eigentlich nur noch skills mitgegeben, die für Haushaltsführung und Kindeserziehung relevant sind. Kochen, Handarbeit und so. Vielleicht noch ein paar schöne Künste, Musik oder Tanz zum Beispiel.

Gegenüber seinem Kollegen aus dem *ludus* verfügt der *grammaticus* schon über ein fundierteres Wissen und gibt dieses auch weiter. Wie der Jobtitel andeutet, lehrt der *grammaticus* vor allem Sprache und Literatur. Es geht nicht mehr nur ums bloße Lesen und Schreiben, es geht auch ums Verstehen, ums Interpretieren und, ganz wichtig, ums Darüber-Debattieren. Dabei werden schon dieselben Werke beackert, die auch heute noch im Lateinlehrplan stehen: Vergils *Aeneis*, die Satiren von Horaz, Ovids Gedichte (wenn sie halbwegs jugendfrei sind). Und natürlich Homers *Ilias* und *Odyssee*. Wie Latein auch im 21. Jahrhundert noch mancher und manchem als Distinktionsmerkmal dient, gilt in der römischen Welt dasselbe für Griechisch: Wer auf sich hält, parliert in der Sprache von Sokrates und Aristoteles. *Funfact*: Selbst Julius Cäsar hat seinen berühmten Ausspruch von den ge-

SEMPER VERBA RECTA

KNAPPER VORSPRUNG

Ob man das Lehramt als ein erstrebenwertes Berufsziel empfindet oder nicht, sicher ist: Heutzutage ist der Job ordentlich vergütet und in jedem Fall absolut krisensicher. Er ist gesellschaftlich relevant – und er ist entsprechend angesehen (oder sollte es jedenfalls sein). Das können im alten Rom eigentlich nur die *rhetores* von sich und ihrer Arbeit behaupten. Und selbst da sei das mit der Vergütung mal dahingestellt: Nicht wenige *rhetores* sind Sklaven und werden in den Haushalten der Oberschicht genau aus diesem Grund gehalten: um die Kinder auf ihre Karriere im *cursus honorum* vorzubereiten. Dennoch dürften viele von ihnen ein erfreulicheres Leben haben als etwa die *magistri* in den *ludi*. Diese erste Stufe der Bildungsvermittlung übernehmen nicht etwa leidenschaftliche Pädagogen, sondern zumeist Menschen, die sonst kaum Aussicht auf einen angeseheneren oder höher dotierten Job haben. Und die daher nicht unbedingt von höchster Qualifikation sind, sondern vielen als sprichwörtlich **UNA HORA DOCTIOR** gelten – als gerade mal »eine Stunde gelehrter« als ihre Schutzbefohlenen.

fallenen Würfeln an den Ufern des Rubikon aller Wahrscheinlichkeit nach nicht auf Latein, sondern auf Griechisch verlauten lassen (siehe Caput VII).

Vollends exklusiv wird es in der dritten Stufe der Ausbildung, wenn der *rhetor* vom *grammaticus* übernimmt. Auch dessen Auftrag steht bereits im Namen: Es geht um den Feinschliff. Um das Erlernen rhetorischer Fähigkeiten, um im öffentlichen Diskurs – auf dem Forum, im Senat – zu bestehen. Reden schreiben, Reden vortragen, argumentieren, aber auch tief in die Trickkiste von Suggestion und Manipulation greifen können. Das sind die Fähigkeiten, die all jenen nahegebracht werden, deren weiterer Karriereweg in Verwaltung oder Politik – nicht, dass das in Rom wirklich trennscharf gewesen wäre – qua Abstammung vorgezeichnet ist.

Lesen, Schreiben, Rechnen: Das klingt jetzt alles erst mal gar nicht so lebensfern. Textanalyse und Rhetorik auch nicht. Im Gegenteil, wird doch heute – zu Recht – bisweilen moniert, dass die Fähigkeiten zum Debattieren und Argumentieren in der schulischen Ausbildung eigentlich zu kurz kämen. Debattierclubs im freiwilligen Nachmittagskursangebot? Da lacht der Patrizier aber nur. Das bisschen Basiswissen, das dort trainiert wird, hätte ihm auf dem *cursus honorum*, der klassischen Beamtenlaufbahn vom Quästor bis zum Konsul, kaum genutzt (siehe Caput XVI).

Worüber beschwert Seneca sich also? Ihm fehlt vor allem die sittlich-moralische Komponente. Die Schule, findet er, solle am Ende nicht nur gut ausgebildete Beamte oder halbwegs passable Handwerker hervorbringen. Sondern auch gute *Menschen*, integre Menschen – je mehr, je höher sie später einmal in der Hierarchie aufsteigen werden (dass er bei seinem eigenen Schützling Nero kläglich versagt hat? Andere Geschichte …). Sekundiert wird Seneca dabei unter anderem von Marcus Fabius Quintilianus (35 bis 96 n. Chr.), seines Zeichens selbst als *rhetor* tätig. In seiner *Institutio oratoria* backt er sich quasi den idealen Lehrer: Der, so Quintilian, »soll gegenüber seinen Schülern vor allem die Haltung eines Vaters annehmen. Sehr häufig soll seine Rede vom Ehrenhaften und Guten handeln. Denen, die Fragen stellen, soll er gerne antworten, bei jenen, die nicht fragen, soll er von sich aus nachfragen. Wenn er die Redeweise der Schüler lobt, soll er weder spärlich noch zu ausführlich sein, da die eine Sache Widerwillen gegen die Arbeit, die andere falsche Sicherheit hervorruft. Beim Verbessern der Dinge, die korrigiert werden müssen, soll er nicht bitter und am wenigsten beleidigend sein. Denn das verjagt viele vom Vorsatz, sich zu bemühen.«

Nicht schlecht, oder? Klingt auch Jahrhunderte später noch so gut, dass man es in weiten Teilen unterschreiben würde. Wie nah die Schulrealität tatsächlich an diesem Ideal lag? Es ist anzunehmen, dass der Autor seinen Appell jedenfalls nicht ohne Grund verfasst hat.

Was am Curriculum selbst – oder: vor allem – in seiner höchsten Stufe, unter den Fittichen des *rhetors*, auffällt, ist allerdings: das enge Themenfeld. Allgemeinbildung im modernen Verständnis wird kaum vermittelt.

Naturwissenschaften: Fehlanzeige. Fairerweise muss man dazu sagen, dass es die im heutigen Sinn auch noch nicht gibt. Allenfalls eine Naturphilosophie. Erst in der Neuzeit, also in den vergangenen fünfhundert Jahren, gelingt es, Fakten und Fiktion, Glauben und Wissen einigermaßen zu trennen.

Fremdsprachen: finden mit Ausnahme von Griechisch nicht statt. Wozu auch? Latein ist die *lingua franca* (siehe Caput VII) – und wo sie es nicht ist, vor allem im Osten des Reiches, tritt Griechisch an ihre Stelle. Die Idiome der unterworfenen Völker lernen? Wäre keinem Römer eingefallen, der etwas auf sich hält. Sollen die sich ihrerseits lieber an der u-Deklination abarbeiten oder am Unterschied von Gerundium und Gerundivum. Daraus spricht jedoch nicht nur die Arroganz der Macht, das hat System: Latein dient auch als Machtinstrument, als Hilfsmittel zur Assimilation, zur Romanisierung, als kulturelle, reichsüberspannende Brücke – vom Hadrianswall im Norden Englands bis in die Sahara.

Sport: Anders als in Griechenland, wo Leibesertüchtigung zu jeder guten Erziehung gehörte – was wir heute Gymnasium nennen, waren ursprünglich Sportstätten; *Gymnos* heißt nichts anderes als »nackt«, denn so wurde trainiert –, ist körperliches Training im alten Rom Privatsache. Das macht man oder macht man eben nicht zu Hause, das wird längst nicht so zelebriert wie zwischen Athen und Korinth.

Musik und Kunst: hübsch. Aber doch nichts für angehende Männer! Jedenfalls nicht in der *aktiven* Rolle. Als Gast einer ausschweifenden *cena* lässt man sich natürlich gern vortanzen, -spielen und -singen (siehe Caput XIII). Von Frauen. Aber selbst zur Leier greifen? Das tun allenfalls Sklaven. Oder Schauspieler. Oder Sonderlinge wie Nero. Und selbst bei ihm wird es hauptsächlich als weiterer Beleg seines Wahnsinns angeführt – findet man jedenfalls später, als der Kaiser tot ist und man derlei auch laut aussprechen kann (siehe Caput VIII).

Der Schnellcheck macht deutlich: Unser heutiges Curriculum enthält recht wenige römische Spuren. Wer im 21. Jahrhundert eine allgemeinbildende Schule besucht, bekommt eben genau das: Allgemeinbildung. Der Idee nach zumindest. Also Grundlagen in einem ziemlich breiten Spektrum an Disziplinen. Dass man die dritte Ableitung von Pi später in den wenigsten Berufen braucht? Klar, aber solange wir unserem Nachwuchs möglichst alle Karrierewege offenhalten wollen, gilt das eben auch für jene, die in die Nische führen. Zumindest in der Theorie ist das eine erhebliche Demokratisierung gegenüber dem römischen System.

Und trotzdem: Vielleicht sind es genau zwei Dinge, die wir am Ende doch aus der Antike übernommen haben.

Erstens die soziale Vorauswahl: Theoretisch, ja, theoretisch steht es jeder und jedem von uns offen, Abitur zu machen, zu studieren – den *cursus honorum* einzuschlagen sozusagen. Faktisch belegt jede Studie seit Jahren aufs Neue, dass in kaum einem Land Europas die schulischen – und damit am Ende auch beruflichen – Perspektiven unserer Kinder derart vom sozialen und wirtschaftlichen Status der Eltern sowie deren Bildungsstand abhängen wie in Deutschland.

NVMERI PLACENT

NICHT IN DER SCHULE, SONDERN …

Die Schulbildung war zwar privilegierteren Schichten vorbehalten, dennoch gehen Schätzungen davon aus, dass rund ein Fünftel der Bevölkerung des Lesens und Schreibens mächtig war. Wenig, verglichen mit heute, enorm viel für damalige Verhältnisse. Es müssen also doch eine durchaus nennenswerte Zahl von Mädchen aber vor allem Jungen zur Schule gegangen sein. Allerdings hat man bis heute **KEIN EINZIGES SCHULGEBÄUDE** gefunden, das eindeutig als solches zu identifizieren wäre. Wie kann das sein? Das kann sein, weil der Unterricht an unterschiedlichsten Orten stattfand. Der *rhetor* unterwies seine Schüler ohnehin zu Hause, er war ja meist ein Haussklave und diente der jeweiligen Familie. Alternativ stellten Hausbesitzer auch Räume zum Unterrichten zur Verfügung, manchmal versammelte sich die Klasse in einem Säulengang oder einem öffentlichen Gebäude. Oder die Unterweisung in Griechisch oder Mathematik fand, wenn das Wetter es zuließ, im Freien statt, gern auch mitten auf dem Forum. So geschehen in Pompeji, wie es auf dem berühmten Fries aus dem Haus der Julia Felix (siehe Caput XV) zu sehen ist.

Und zweitens? Monieren wir immer wieder den Fächerkanon, die Lehrinhalte. Siehe oben: *Faust* versus Behördenschreiben. Und viele reihen sich gern ein in das Lamento, das ihnen Seneca so schön auf den Punkt formuliert hat. Die Ironie der Sache? Falls sich bis hierher niemand gewundert hat: Das geflügelte Wort von Schule und Leben wird heute in aller Regel verdreht, die Not zur Tugend. Einmal kurz dem Dichter den Satz im Mund umgestellt, schon wird aus der zugespitzten Schulkritik ein pädagogisches Mantra: Nicht für die Schule, fürs Leben lernen wir.

Und noch ein Wort an die Adresse Senecas: Trotz aller berechtigter Kritik, auch trotz aller sozialer Ungerechtigkeit – schätzungsweise zwanzig Prozent der römischen Bevölkerung können lesen und schreiben. Wenig im Vergleich zu heute. Im Vergleich zum Rest der damaligen Welt? Wahrscheinlich ohnegleichen! Doch dieser Literalitätsgrad geht mit dem Ende des Imperiums genauso unter wie so viele andere Dinge. Erst Jahrhunderte später erreicht Europa wieder römisches Niveau.

CAPUT V

DIE SCHLAGADERN DES IMPERIUMS

WIE WEGE- UND WASSERWIRTSCHAFT DAS REICH ZUSAMMENHALTEN

Das Jahr 69 n. Chr. haben die Römer in übler Erinnerung. Schon vor dem nicht wirklich freiwilligen Freitod Neros im Sommer zuvor ist die politische Lage im Reich mindestens unruhig. Danach aber erst recht, hat Nero es doch vor seinem vorzeitigen Exitus logischerweise verabsäumt, die Thronfolge zu regeln. Gleich mehrere Kandidaten bringen sich in Stellung, und zwar wortwörtlich: Es bricht der erste Bürgerkrieg seit mehr als hundert Jahren aus, an dessen Ende mit Galba, Otho und Vitellius drei Kurzzeitkaiser tot sind und Vespasian (9 bis 79 n. Chr.) als Sieger hervorgeht.

In die Unruhen des sogenannten Vierkaiserjahres (siehe Caput VIII) fällt, sicherlich nicht ganz zufällig, auch der Aufstand der Bataver, die damals vor allem im heutigen Belgien siedeln und die Gelegenheit nutzen, sich gegen die römische Herrschaft in Niedergermanien zu erheben. Die genauen Ursachen und Auslöser? Sind nicht mehr bis ins letzte Detail zu klären. Generelle Unzufriedenheit wahrscheinlich. Sicher ist, es sind keine wilden Horden, die da unorganisiert aus den dunklen Wäldern brechen (siehe Caput X). Die Bataver sind *foederati* Roms, was mit Bundesgenossen sicherlich etwas zu wohlwollend übersetzt ist. Jedenfalls sind sie juristisch und politisch mit Rom verbandelt – und eigentlich auch militärisch verbündet. Das Gros der Aufständischen besteht sogar aus *auxiliares*, also den Hilfstruppen, die die Legionen im Feld unterstützen (siehe Caput I) – und mit der römischen Kampfweise vertraut und darauf gedrillt sind.

Ein Jahr lang machen die Bataver, unterstützt von weiteren germanischen und keltischen Stämmen, den Römern am Nordrand des Reiches das Leben schwer. Erst als Vespasians Konkurrenten unter der Erde liegen, ordnen sich die Verhältnisse im Reich langsam wieder, kann sich der frischgebackene Augustus um die Krisenherde an den Rändern kümmern. Und er tut es: Aus verschiedenen Reichsteilen, Italien, Britannien, sogar Spanien, werden insgesamt acht Legionen in Marsch gesetzt, um die bereits vor Ort befindlichen Truppen zu unterstützen. Mit Erfolg: Die Bataver werden in einer Schlacht nach der anderen besiegt, sind zermürbt und kriegsmüde. Schließlich sehen sie sich zur Aufgabe gezwungen.

Acht Legionen aus mehr oder minder ganz Europa, etwa ein Viertel der gesamten römischen Armee, um einen lokalen Aufstand niederzuringen? Klingt nach Kanonen auf Spatzen, nach einem unverhältnismäßigen Aufgebot. Außergewöhnlich ist es aber nicht. Die Römer sind es gewohnt, ihre Heere auf die Langstrecke zu schicken, wenn die Umstände es erfordern. Vor allem aber: Sie können es! Neben der Kondition der Soldaten, die, ohne zu murren, mit ihrem einschließlich Waffen und Rüstung bis zu fünfzig Kilogramm schweren Marschgepäck nicht selten Etappen von dreißig Kilometern am Tag bewältigen, ist das hauptsächlich einem Umstand geschuldet: dem Netz von gut ausgebauten Fernstraßen wie der *Via Belgica*, die von der französischen Atlantikküste bis nach Köln führt, oder der Rheintalstraße, die von Mailand über die Alpen bis an die Nordsee reicht.

Bis zu 100 000 Kilometer misst das Straßennetz im Imperium, es ist ein System mit System: Um dieses Netz möglichst effizient zu gestalten, folgt es vor allem zwei Kriterien. Erstens: Die kürzeste Verbindung zwischen zwei Punkten ist eine Linie. So wie sich heute manche ICE-Strecke schnurgerade durch die Landschaft fräst und die Unwegsamkeiten des Geländes durch Tunnel und Brücken ausgleicht, verfahren auch die Römer beim Straßenbau. Klar, sie können keine kilometerlangen Tunnel buddeln. Aber stattdessen wird der Hügel, steht er im Weg, eben abgetragen oder terrassiert. Jedenfalls so weit, wie es nötig ist. Liegen Ortschaften links und rechts der Route, sodass sie vielleicht mit nur einem kleinen Schlenker an das Straßennetz angeschlossen werden könnten, wird darauf keine Rücksicht genommen. Lieber baut man eine Sekundärstraße, einen Zuweg, als von der Ideallinie abzuweichen (hier passt die ICE-Analogie dann schon nicht mehr, denkt man nur an die Umwege und Stopps, die der Hochgeschwindigkeitszug oftmals aus politischen Gründen auf sich nehmen muss). Zweitens: Den Römern ist der Wert dieser Infrastruktur mehr als bewusst, entsprechend investieren sie (okay, ab hier endet die Analogie zum heutigen ICE-Netz leider endgültig). Die Technik, mit der Pflaster verlegt, Abflusskanäle gezogen werden, ist ebenso ausgefeilt wie aufwendig. Allein dass man erst mal metertief die Erde aushebt, um dann ein stabiles, mehrschichtiges Fundament aufzubauen, widerstandsfähig, frost- und überschwemmungsresistent, dürfte manchen Germanen, Briten, Daker fürwahr erstaunt haben, bestanden doch vorrömische Fernverbindungen selten aus mehr als festgetretenem Schotter – der auch nur deshalb festgetreten war, weil halt ständig irgendwer darüberlief.

Für die Römer aber sind die Straßen nicht weniger als Lebensadern. Sie sind unverzichtbare Voraussetzung, um das Imperium zusammenzuhalten. Nicht nur in Krisenfällen, siehe Bataveraufstand. Neben der Funktion als konkurrenzlos schnelle Aufmarschroute für die Legionen, sind die Straßen die mit Abstand wichtigsten Handelswege. Und wo die einzige Möglichkeit der Fernkommunikation über Botendienste läuft, werden sie gar zum lebenswichtigen Datenhighway – für das Militär, die Verwaltung, aber auch für die private Korrespondenz. Dabei unterstützt ein engmaschiges Netz von Relaisstationen den sogenannten *cursus publicus*, das Postsystem: Reiter können in regelmäßigen Abständen ihr Pferd gegen ein frisches eintauschen – und schaffen so Distanzen von schwindelerregenden 75 Kilometern am Tag. In weniger als vier Wochen gelangt eine Nachricht, gleich ob Liebesbrief oder diplomatische Depesche, von Rom bis nach Byzanz, das spätere Konstantinopel, das noch spätere Istanbul – rekordverdächtig! Der kommunikative und kulturelle Austausch, der auf diese Weise entsteht, ist kaum zu unterschätzen. Die Romanisierung – und damit Assimilierung – weiter Teile Europas, Nordafrikas, Vorderasiens wäre ohne das Straßennetz kaum möglich gewesen, nur so gelangen Wein und Olivenöl noch bis in den Norden Englands, feine Stoffe und Schmuck, kurz: die römische Lebensart, in den letzten Winkel der Iberischen Halbinsel.

Als Vespasian seine Legionen über die *Via Belgica* im Bataverland aufmarschieren lässt, ist das Konzept der Fernstraße als imperiale Lebensader beinahe vierhundert Jahre alt. Sein geistiger Vater ist der Zensor Appius Claudius Caecus (etwa 350 bis 280 v. Chr.).

BONUM SCIRE

FESTE DECKE

Manche römische Straße, zumindest ihr Verlauf, wird auch in Deutschland bis heute genutzt. Ihre Bezeichnung *via* taucht allerdings bestenfalls noch in Fremdwörtern auf: Das »Viadukt«, für alle, denen die »Brücke« zu profan ist. Oder gar die »Viabilität«, die »Gangbarkeit«. Umso erstaunlicher vielleicht, dass auch die **STRASSE** sich einer antiken Herleitung rühmen kann. Das Wort stammt vom lateinischen *stratum*, wörtlich »bedeckt«. Die *via strata*, das war der bedeckte, also gepflasterte Weg – im Gegensatz etwa zur *via calciata* deren Oberfläche meist aus gestampftem Kalkstein bestand. Auch sie hat sich übrigens in unserem Wortschatz verewigt, das ist die **CHAUSSEE**.

Appius erkennt früh den Wert für die römische Überlegenheit, die aus einem stabilen und effizienten Straßennetz erwachsen könnte – und er geht an die Grenzen seiner Amtsbefugnisse als Zensor und darüber hinaus, um seine Vision in die Tat umgesetzt zu sehen. Klar, theoretisch obliegt es den Zensoren, staatliche Bauprojekte zu beauftragen. Aber in der Regel handelt es sich dabei um kleinere Instandhaltungen, Modernisierungen. Was halt so gemacht werden muss im laufenden Betrieb. Als der Mann jedoch anfängt, eine Straße von Rom bis ins knapp zweihundert Kilometer südlich gelegene Capua bauen zu lassen, sehen das viele als Kompetenzüberschreitung, als Provokation gegenüber dem mächtigen Senat, der bei derart großen Investitionen natürlich gern ein Wort mitreden würde.

Appius' Vorgehen erinnert in mancherlei Hinsicht an das Gebaren von Leuten wie Elon Musk, die getrieben sind von einer übergroßen Vision, genervt von der vermeintlichen oder tatsächlichen Trägheit der traditionellen Institutionen. Bei aller unbedingt angebrachten Kritik an der Person Elon Musk: Der Durchbruch der E-Mobilität wäre ohne ihn vielleicht nie oder jedenfalls deutlich langsamer erfolgt, Starlink, sein satellitengestütztes Internet, hat Netzversorgung bis in den letzten Winkel des Planeten gebracht. Wie die Sache mit der Marsbesiedelung ausgeht? Abwarten. Rom, um 300 v. Chr. noch eine mittelitalienische Regionalmacht, wäre vielleicht nie zu einem Weltreich aufgestiegen ohne Appius Claudius Caecus und seine Vision der Fernstraßen.

Obwohl Appius sich mit seinem forschen Vorgehen viele Feinde macht, gibt der Erfolg ihm schließlich recht. Seine *Via Appia* wird für die Römer im Krieg mit den Samniten ein unverzichtbarer Transport- und Nachschubweg. Später verlängert man die Straße gar bis Brindisi, am Südausgang der Adria gelegen, und wichtiger Marine- wie Handelshafen.

Ab da wächst das Straßennetz und wächst, bis es schließlich

auf seinem Höhepunkt – der mit dem des Römischen Reiches generell zusammenfällt – eben auf die geschätzten 100 000 Kilometer kommt.

Von der *Via Appia*, wie von manch anderer Römerstraße, sind heute noch Teile erhalten, ja sogar befahr-, mindestens begehbar. Nach teilweise mehr als zweitausend Jahren – das ist geradezu sprichwörtlich *Roma aeterna* (siehe Caput XIV), ewiges Rom. Andernorts ist von den römischen Straßen vielleicht nichts mehr zu sehen, ihr Erbe haben sie trotzdem hinterlassen. Denn zahlreiche moderne Fernstraßen und Autobahnen folgen mehr oder minder antiken Routen: Wo einst die *Via Flaminia* Rom mit Rimini verband, verläuft heute die SS3; auf der einstigen *Via Augusta* wälzen sich inzwischen Sommer für Sommer

BONUM SCIRE

REICHSWEITE VERDUMMUNG

Zu den wichtigsten Metallen im Römischen Reich gehörte **BLEI**. Man fertigte Wasserleitungen daraus, verstärkte Schiffsrümpfe damit. Es diente als Geschirr, für Waffen, Gewichte, um Särge auszukleiden. Und um den oft sauren Wein schmackhafter zu machen, wurde er gern mit Most versetzt, den man zuvor in Bleikesseln eingekocht hatte, was ihn süßer machte – eine Angewohnheit, die im Übrigen noch bis ins 19. Jahrhundert praktiziert wurde. Das weiche, graue, aber leider auch giftige Metall war nicht nur in jedem Haushalt zu finden. Es schwamm gelöst im Trinkwasser, es schwebte in Mikropartikeln durch die Luft. Mit Folgen: Auch wenn Theorien, dass das Imperium schlussendlich an einer kollektiven Bleivergiftung zugrunde ging, vermutlich über das Ziel hinausschießen, haben Forschende inzwischen nachweisen können, dass die reichsweite Kontamination zumindest einen durchschnittlichen Rückgang des IQ um bis zu 3 Punkte zur Folge hatte.

Blechlawinen über die spanische Mittelmeer-Autobahn; auch die A2 im Rheinland folgt zumindest abschnittsweise alten Römerstraßen.

Die *Via Appia* ist sicherlich die bekannteste Hinterlassenschaft des umtriebigen Zensors. Aber nicht die einzige. Zu Lebzeiten von Appius Claudius Caecus war seine *Aqua Appia* mindestens ebenso berühmt: die erste Wasserleitung Roms – sie ist, wie die nach Appius benannte *Via*, Nukleus eines schließlich reichsumspannenden Systems, des Systems der Aquädukte. Von mehr als zweitausend solcher Leitungen, manche davon Hunderte Kilometer lang, wissen wir heute. Vielleicht waren es noch mehr. Anders als die Straßen bilden die Aquädukte natürlich kein durchgehendes, miteinander verbundenes Netz, sondern sind stets regional begrenzt. Ihr Zweck ist schließlich, die Städte mit ausreichend Trinkwasser aus dem Umland zu versorgen. Und das gelingt mehr als zufriedenstellend: Nach Schätzungen kann allein in Rom jeder Mensch theoretisch auf 1000 Liter Frischwasser pro Tag zugreifen (siehe Caput XVII). Zum Vergleich: In Deutschland liegt der tägliche Verbrauch heute bei knapp 130 Litern. Ähnlich üppig sieht es in vielen weiteren Städten des Reiches aus, selbst in den entferntesten Provinzen. In Buch 36 seiner *Naturgeschichte* kriegt Plinius der Ältere sich kaum wieder ein. Allein beim Gedanken an diese ingenieurtechnische und zivilisatorische Leistung, wird jeder Mensch zugeben müssen, »dass es im gesamten Erdenkreis nichts Bewundernswerteres gebe«: *fatebitur nil magis mirandum fuisse in toto orbe terrarum!*

Parallel dazu erhalten viele Städte ausgeklügelte Abwasserkanäle, die 1000 Liter pro Tag und Kopf müssen ja am Ende irgendwohin. Am berühmtesten ist sicherlich Roms *Cloaca Maxima*, von der Abschnitte bis heute Teil der römischen Kanalisation sind (auch wenn man die Abwässer der Millionenstadt zum Glück nicht mehr ungefiltert in den Tiber laufen lässt). Beides, Wasserversorgung wie -entsorgung, gehört auch in der Peripherie zum Bauplan jeder römischen Neugründung. Wo immer möglich, werden Städte nach wiederkehrenden Mustern und Prinzipien geplant und gebaut, mit einem klaren Layout für Straßen und Plätze, Mietskasernen und Verwaltungsgebäude, Thermen und Tempel. Eine Form der Stadtplanung, die uns heute eher an amerikanische Großstädte mit ihrem Gitternetz aus *Streets* und *Avenues* denken lässt, als an europäische Altstadtgässchen. Aber das liegt eben daran, dass viele der römischen Siedlungen verschwunden sind, überbaut wurden – oder daran, dass man von Anfang an wegen topografischer Gegebenheiten oder Vorgängersiedlungen Kompromisse schließen musste.

Ähnlich wie bei den Straßen oder Siedlungsanlagen sind von den zweitausend oder mehr Aquädukten nur noch spärliche Reste erhalten. Zwar werden viele von ihnen noch lange nach dem Untergang des Römischen Reiches weitergenutzt – das im spanischen Segovia sage und schreibe bis 1974. Doch das ist die Ausnahme. Mehrheitlich verfallen sie langsam, sehr langsam (siehe: *Roma aeterna*), aber sicher. Oftmals fehlt es an politischer Stabilität, an finanziellen Mitteln, nicht zuletzt auch an Hygienebewusstsein und damit dem Einsehen in Sinn und Zweck oder schlicht an einem Ingenieurswissen, das dem der römischen Straßen- und Wasserbauer auch nur annähernd ebenbürtig wäre. Erst in der Neuzeit wendet sich das Blatt: Ab dem 18. Jahrhundert erreicht das Straßennetz in Europa endlich wieder ein ähnliches Niveau wie das römische. Dass Städte ihre Bevölkerung flächendeckend mit Wasser versorgen, welches dann auch wieder entsorgt werden kann? Setzt sich dann im 19. Jahrhundert langsam durch.

Es gibt aber auch noch einen anderen Grund, warum von den antiken Wasserleitungen heute nur so wenig zu sehen ist. Wer denkt beim Stichwort »Aquädukt« nicht an prächtige Bogenbrücken wie den *Pont du Gard* im Süden Frankreichs? Dabei machen derlei Konstrukte nur einen Teil der römischen Wasserbaukunst aus – und oftmals den kleineren.

Erst einmal: Die Funktionsweise einer solchen Leitung ist ja denkbar einfach. Von den angezapften Quellen in den Bergen und Hügeln des Umlands wird das Wasser in die Städte geleitet. Fließen muss es dabei von allein, das heißt, es ist ein gewisses Gefälle nötig. Ehe ein Bau in Angriff genommen wird, kalkulieren die Ingenieure daher erst einmal genau, wie das – zum Teil über Hunderte Kilometer hinweg – zu bewerkstelligen wäre und

NUMERI PLACENT

LANGE LEITUNG

Was für ein Bild hat man beim Stichwort »Aquädukt« vor Augen? Auch wenn der Großteil der Wasserleitungen ebenerdig oder gar unterirdisch verlief, sind es Bauten wie der **PONT DU GARD**, der im Südwesten Frankreichs einen Zufluss der Rhone überspannt, an die man dann denkt. 49 Meter hoch, 275 Meter lang und fast noch so prächtig wie bei seiner Errichtung vor knapp zweitausend Jahren, war er Teil der Wasserleitung, die *Nemasus*, das heutige Nîmes, versorgte. Mit insgesamt etwa 50 Kilometer Länge nimmt sich dieses Aquädukt allerdings vergleichsweise bescheiden aus, erst recht verglichen mit der längsten Leitung: Nachdem Konstantin der Große im Jahr 330 n. Chr. Byzanz – das spätere Konstantinopel und heutige Istanbul – zur neuen Hauptstadt des Imperiums gemacht hatte, wuchs die Kapitale rasant und mit ihr der Wasserbedarf. Weil der in der umliegenden Gegend kaum zu decken war, musste ein neues Aquädukt her. Beendet wurde der 426 Kilometer lange Bau allerdings erst 40 Jahre und sieben Kaiser später unter Flavius Valens (328 bis 378 n. Chr.). Daher auch der heutige Name: **VALENS-AQUÄDUKT**.

in welcher Bauform. Das kann eine Bogenbrücke sein, sowieso, wenn es zwischen Start und Ziel ein Flusstal wie das des Gard zu überwinden gilt. Das können aber auch ebenerdige oder gar unterirdische Leitungen und Kanäle sein. Die *Aqua Appia* kommt auf ihren insgesamt 16,4 Kilometern Länge auf einen Höhenunterschied von zehn Metern. Ein fast unmerkliches Gefälle von gerade einmal 0,06 Prozent, bei dem einem noch nicht mal der Apfel vom Tisch rollen würde. Klar ist auch, dass bei diesem geringen Höhenunterschied nicht groß mit Bogenbauten operiert werden muss: Die *Aqua Appia* verläuft komplett unterirdisch. Ingenieurstechnisch höchst beeindruckend, touristisch uninteressant.

CAPUT VI

HOSENTRÄGER AUF DEM FORUM

KANN DAS RÖMISCHE REICH EUROPA ALS VORBILD DIENEN?

Im Jahr 83 n. Chr. stehen am Mons Graupius, einem Berg irgendwo in den regenverhangenen Weiten Schottlands, einige Tausend *auxiliares*, römische Hilfstruppen (siehe Caput I), einem Heer von zirka 30 000 kaledonischen Kämpfern gegenüber. Die Römer kommandiert dabei niemand Geringeres als Gnaeus Julius Agricola, damals Statthalter der Provinz Britannien. Dieser ist jetzt weit über die Provinzgrenzen vorgedrungen, um einen erneuten Versuch zu starten, Schottland dem Imperium einzuverleiben. Die Kaledonier auf der anderen Seite werden von Calgacus angeführt, einem keltischen Häuptling – mit einer ziemlich klaren Meinung über die Eroberer aus dem Süden, »deren Übermut man vergeblich durch Gehorsam und Unterwürfigkeit zu entgehen versucht. Diese Räuber des Erdkreises! Seitdem sie alles verheert haben und ihnen das Festland ausgegangen ist, durchsuchen sie das Meer. Wenn der Feind reich ist, sind sie habgierig, wenn er arm ist, ruhmsüchtig. Sie, die nicht der Orient, nicht der Okzident sättigen kann. Als einziges von allen Völkern begehren sie Reichtum und Armut der anderen mit gleicher Gier. Wegschleppen, Niederhauen, Rauben nennen sie mit falscher Bezeichnung Herrschen, und Frieden, wo sie eine Wüste schaffen.«

Und wer könnte diese *raptores orbis*, diese Räuber des Erdkreises, jetzt noch aufhalten? Ihren unstillbaren Expansionsdrang in die Schranken weisen? Nur die Kaledonier! Man kann sich die Szene ähnlich vorstellen, wie jene in »Braveheart«, als Mel Gibson mit kariertem Rock und sehr viel blauer Schminke vor dem Heer der Schotten auf und ab galoppiert, um seine Männer auf die bevorstehende Schlacht gegen die machtgierigen Engländer einzuschwören. Und es gibt eine weitere Parallele: Beides hat vermutlich nie so stattgefunden.

Braveheart, mit bürgerlichem Namen William Wallace, hat es immerhin gegeben. Er ist als historische Figur verbürgt. Calgacus? Eher nicht. Selbst ob die Schlacht stattgefunden hat (die

BONUM SCIRE

GESCHICHTE ODER GESCHICHTEN?

Die Faustregel ist: Je länger ein Ereignis zurückliegt, desto schwerer ist es, seinen tatsächlichen Hergang zu rekonstruieren, denn desto überschaubarer sind die historischen Quellen, die sich dafür heranziehen lassen. Zudem unterscheidet die Geschichtswissenschaft zwischen Primär- und Sekundärquellen. Primärquellen können Briefe und andere Dokumente sein, aber auch Münzen, Waffen, sonstige Gegenstände – halt alles, was von damals erhalten ist, aber nie für die Nachwelt gedacht war. Dummerweise beziehen wir eine Menge dessen, was wir über die römische Geschichte wissen, aus genau der anderen Sorte Quellen. Es ist ja schön, dass wir durch Tacitus von Calgacus' markigen Worten wissen. Aber ist der Autor an dieser Stelle überhaupt zuverlässig? Nicht nur hat Tacitus vieles in seinen Büchern verarbeitet, was er selbst **NUR VOM HÖRENSAGEN** wusste. Nicht nur verfolgt er – wie alle antiken Geschichtsschreiber – eine eigene Agenda (die Geschichtsschreibung verstand sich damals aber auch noch nicht als neutrale Analytikerin der vorhandenen Fakten, sondern wollte ihr Publikum mindestens ebenso sehr unterhalten). Man könnte dem Mann zudem durchaus eine gewisse Voreingenommenheit unterstellen: Sein Werk *Agricola*, aus dem die berühmte Calgacus-Rede stammt, beschreibt die in fast jeder Beziehung vorbildliche Statthalterschaft des Gnaeus Julius Agricola (40 bis 93 n. Chr.) in Britannien. Was Tacitus in seinen Ausführungen unterschlägt: Agricola ist sein Schwiegervater.

selbstverständlich siegreich für Rom und mit dem Tod Tausender Kaledonier endet) oder wo dieser Mons Graupius eigentlich sein könnte: unklar. Die eindringliche Rede des keltischen Fürsten: mit Sicherheit erfunden. Die einzige Quelle, die es dazu gibt, ist der Bericht von *Publius Cornelius Tacitus* (58 bis 120 n. Chr.) in seinem Buch *Agricola*. Die Sätze, die er Calgacus in den Mund legt, sind möglicherweise eher seine eigenen Gedanken: Expansion schön und gut. Aber um jeden Preis? Sind Roms Legionen nicht vielleicht manchmal zu brutal, zu unerbittlich vorgegangen? Ist die Unterwerfung der halben bekannten Welt eigentlich moralisch in Ordnung so? Man könnte fast meinen, Tacitus meldet sich aus aktuellem Anlass: Als er *Agricola* schreibt, hat Trajan gerade den Kaiserthron erklommen, unter ihm wird das Römische Reich seine größte Ausdehnung *ever* erlangen.

Überspitzt könnte man sagen, Rom hat seit seiner sagenhaften Gründung 753 v. Chr. kaum etwas anderes getan, als sich zu vergrößern. Sicher ist, wenigstens seit dem 5. vorchristlichen Jahrhundert breitet man sich Stück für Stück auf der italienischen Halbinsel aus. 264 v. Chr. beginnt der erste der insgesamt drei Punischen Kriege, die Rom gegen die konkurrierende Macht Karthago um die Vorherrschaft im westlichen Mittelmeerraum führt. Noch während man mit den Nordafrikanern streitet (und am Ende jedes Mal siegreich ist), beginnt aber auch schon das Ausgreifen Richtung Osten. Ab Mitte des 2. Jahrhunderts v. Chr. sind der Balkan und Griechenland unter römischer Herrschaft, weiter geht's über den Bosporus und tief nach Kleinasien hinein. Gaius Julius Cäsar ergänzt Ägypten, unterwirft Gallien, Teile Germaniens und wagt sich auch schon mal nach Britannien vor. Spätestens mit Roms erstem Kaiser Augustus wird das Mittelmeer endgültig zum *mare nostrum*, zu einem Binnengewässer, lückenlos von römischem Herrschaftsgebiet umschlossen.

Doch Erfolg auf dem Schlachtfeld, das weiß nicht erst Augustus, genügt nicht, um dauerhaft zu herrschen. Was die Römer schon bald ebenso gut können wie Krieg führen, ist, für Frieden zu sorgen. Innerhalb des Reiches gilt die sogenannte *pax romana*. Wer also erst mal von den Römern besiegt ist und fortan von ihnen beherrscht wird, kann dafür sicher sein: Die neuen Herren sorgen für Ruhe.

Und nicht nur das. Wer innerhalb der Grenzen des Imperiums lebt, muss selten hungern. Ein gut ausgebautes Verkehrsnetz aus Straßen (siehe Caput V) versorgt die Menschen noch in den letzten Winkeln des riesigen Reiches mit Waren. Der Handel blüht, Nachrichten können zügig ausgetauscht werden. Damit das auch reibungslos funktioniert, gibt es eine ausgeklügelte Verwaltung (siehe Caput XVI), eine einheitliche Rechtsprechung (siehe Caput IX). Auch nicht ganz unwichtig: Ganz gleich, ob in Portugal oder Grie-

NVMERI PLACENT

GROSS, ABER NICHT DAS GRÖSSTE

Seine größte Ausdehnung erreichte das Römische Reich unter Kaiser Trajan, der damit – zumindest kurzzeitig – über rund **FÜNF MILLIONEN QUADRATKILOMETER** herrschte. Zum Vergleich: Die Europäische Union (EU) kommt auf etwa 4,2 Millionen Quadratkilometer mit ihren 27 Mitgliedsstaaten – das Imperium umfasste sogar die Fläche, komplett oder zumindest in Teilen, von mehr als 40 heutigen Staaten auf drei Kontinenten. Klingt gewaltig, ist es auch. Trotzdem ist es in der ewigen Liste der Weltreiche weit entfernt von den Medaillenplätzen. Je nach Zählweise rangiert Rom nur um Position zwanzig, weit abgeschlagen hinter Kandidaten wie dem zu seinem Höhepunkt im ausgehenden 19. Jahrhundert siebenmal größeren Britischen Empire oder dem Mongolenreich, das Mitte des 13. Jahrhunderts von China bis an die Ostsee reichte, dafür allerdings nur kurze Zeit Bestand hatte.

chenland, Britannien oder Ägypten – es zahlen alle mit demselben Geld, so wie wir es erst seit gerade mal zwanzig Jahren wieder mit dem Euro tun. Es gibt die lateinische Sprache, in der sich – wenigstens theoretisch – alle verständigen können, egal, was sie sonst zu Hause sprechen (siehe Caput VII).

Und dass die verschiedenen Völker verschiedenen Religionen angehören? Was an anderen Orten und zu anderen Zeiten immer wieder zu blutigen Glaubenskriegen führt, ist in den Grenzen Roms kein Problem. Man »adoptiert« einfach anderer Völker Göttinnen und Götter und nimmt sie in den eigenen Glaubenskosmos auf. Und schließlich gibt es da noch diese eine Figur, zu der alle gemeinsam aufschauen – den Kaiser, der ebenfalls wie ein Gott verehrt wird.

Das alles schafft Verlässlichkeit, Sicherheit und: Beständigkeit! Die von Augustus ausgerufene *pax Augusta*, die später als *pax romana* bekannt wird, hält mehr oder minder die kommenden zweihundert Jahre an, in denen das Reich weitgehend frei von inneren Krisen und äußeren Bedrohungen ist. Klar, man expandiert fröhlich weiter – siehe Tacitus. Aber das ist ja keine Bedrohung *von* außen, eher *für* außen.

Wobei es auch dort ohne Gewalt funktionieren kann: Nachdem man die dauerhafte Unterwerfung von *Germania magna*, also ungefähr allem, was heute zu Deutschland zählt und jenseits von Rhein und Donau liegt, *ad acta* gelegt hat, schwenkt Rom eher auf *soft power* um. Der obergermanisch-rätische Limes, kurz ORL (siehe Caput XVIII), ist eine 550 Kilometer lange Grenzbefestigung, die das Reich zwischen Rhein und Donau schützen soll. Man muss sie sich deshalb nicht als undurchdringliches Bollwerk vorstellen. Im Gegenteil ist der »kleine Grenzverkehr« nach allem, was heute bekannt ist, ziemlich ausgeprägt und rege. Wirtschaftlich ein *Win-win* – das Plus für Rom: Durch die zumindest partielle Teilhabe an den eigenen zivilisatorischen Errungenschaften befriedet man die Anrainer recht erfolgreich.

Trotzdem gibt es natürlich einen großen und spürbaren Unterschied zwischen hier und drüben. Drüben gilt das römische Recht eben nicht mehr, ist man nicht automatisch Nutznießer des blühenden Weltreiches. Übrigens mit nachhaltigen Folgen: Laut einer Studie der Universität Jena aus dem Jahr 2025 leben südlich des Limes bis heute die zufriedeneren Menschen. Nach fast zweitausend Jahren!

Trotzdem ist das Reich alles andere als eine komplett durchromanisierte, homogene Einheit. So pragmatisch, wie die Römer fremde, neue Religionen in die eigene Glaubenswelt aufnehmen (eine »Kulturtechnik«, die als *interpretatio romana* bekannt wurde), so pragmatisch verfahren sie auch in vielen anderen Dingen. Nicht nur Briten, Ägypter und Iberer werden romanisiert – umgekehrt übernehmen die Römer auch Traditionen, Bräuche und Angewohnheiten aus den Provinzen. Diese Einflüsse gelangen teilweise bis ins Herzland und in die Hauptstadt: Gewürze aus dem Orient finden Eingang in die römische Küche (siehe Caput XIII), selbst ursprünglich als barbarisch verabscheute Kleidungsstücke wie die gallischen *bracae*, also Hosen, werden in ihren Vorzügen erst von den Legionären vor Ort erkannt und übernommen – bis man sich damit sogar in den Straßen Roms zeigen kann, ohne ausgelacht zu werden.

Und die Römer können auch problemlos eigene Traditionen den jeweiligen Gepflogenheiten vor Ort anpassen: Während bei den *venationes*, den Tierhetzen, im Kolosseum gern Löwen und Elefanten eingesetzt werden, sind es in den Amphitheatern Germaniens oder Britanniens eher Wölfe, Bären oder Wildschweine, in Spanien finden Stierkämpfe statt (siehe Caput III).

Gemeinsame Währung, gemeinsame Werte, übergeordnete Organe, die sich um die gemeinsamen Interessen nach innen wie außen kümmern. Bei alledem aber auch viel regionale Autarkie. Kultureller Austausch, das Betonen von Vielfalt parallel zum Betonen der Gemeinsamkeiten. Eine definierte Außengrenze, aber trotzdem der Versuch, auch zu den Nachbarn jenseits davon ein gutes, auf Ausgleich bedachtes Verhältnis zu pflegen. Klingt irgendwie vertraut? Das eine oder andere von dem, was das Impe-

SEMPER VERBA RECTA

WIR SPRECHEN LATEIN, WAS SPRECHEN LATEINER?

Schmelztiegel Europa! Sprachforschende machen im deutschen Wortschatz ungefähr ein Fünftel an Wörtern aus, die lateinischen Ursprungs sind und die uns die Römer entweder direkt hinterlassen haben oder die über einen Umweg vom Französischen oder Englischen zu uns gekommen sind (mehr dazu siehe Caput VII). Doch die römische Expansion führt nicht nur zur Ausbreitung der lateinischen Sprache über mehrere Kontinente – auch umgekehrt sickern Begriffe aus den Idiomen der Unterworfenen ins Lateinische. Kaum überraschend ist eine Menge davon aus dem Vokabular Griechenlands. Dessen kulturellem Entwicklungsstand fühlten sich die Römer ja sowieso gern unterlegen. Entsprechend übernehmen sie manche Terminologie etwa aus der Medizin: Die *anatomia* oder die *therapia* sind griechischen Ursprungs, ebenso die **ASTRONOMIA, PHILOSOPHIA UND TECHNOLOGIA**. Diverse Begriffe hingegen stammen aus der Sprache der Etrusker, deren Kultur sich qua unmittelbarer Nachbarschaft schon früh mit der römischen überschneidet. Den *haruspex*, den Wahrsager, der aus Eingeweiden die Zukunft liest, übernehmen die Römer samt seinem Namen ebenso wie die *fasces* – das Rutenbündel, als Amtssymbol höchster Würdenträger (und leider bis in die heutige Zeit im Sprachgebrauch: Der Faschismus leitet sich davon ab). Deutlich handfester sind demgegenüber etwa die Lehnwörter aus dem keltischen Raum: Der *carrus* ist ein vierrädriger Wagen (heute noch erhalten in der Karre oder dem englischen car für Auto), den sie samt seinem Namen von den Galliern übernehmen. Genau wie die *bracae*, die Hosen.

rium Romanum so lang anhaltend funktionsfähig gehalten hat, lässt sich ohne allzu große geistige Verrenkung auf das heutige Europa, die Europäische Union übertragen. Nicht alles natürlich. Die Kommissionspräsidentin oder der Kommissionspräsident weisen keine gottgleiche Kaiserlichkeit auf. Brüssel ist nicht Rom. Und bisher ist noch jeder Mitgliedsstaat freiwillig der Union beigetreten. Schon klar: Die EU ist nicht nach römischem Vorbild modelliert worden. Trotzdem lohnt sich ab und zu der Blick zurück: Ist eine gemeinsame, zentrale Regierung vielleicht doch erst dann ausreichend handlungsfähig, um im Falle echter Krisen angemessen schnell reagieren zu können, wenn diese nicht bei jeder noch so kleinen Entscheidung Rücksicht auf die Interessen aller Betroffenen nehmen muss – anders als eine EU, die Einstimmigkeit braucht und wo schon ein einzelnes Land per Veto (siehe Caput XVI) alles zum Stillstand bringen kann? Kann auch Europa irgendwann die Überdehnung drohen, der *overstretch*? (siehe Caput XVIII). Hätte das Riesenreich auch nur annähernd so lange bestehen können, wenn jede Provinz für die Verteidigung ihrer Außengrenzen allein verantwortlich gewesen wäre. Ohne die Legionen und ihre zentrale Führung?

Trotz vieler Schwächen und manch konstruktiver Mängel: Europa hat keine Alternative zu Europa. Calgacus hat sich der Eingemeindung ins Imperium auf dem Schlachtfeld am Fuß des Mons Graupius einst mit dem Schwert widersetzt. Seine Nachfahren haben per Brexit-Abstimmung dem europäischen Staatenbund ganz gewaltfrei den Rücken kehren können. Inzwischen haben es die meisten von ihnen bereut: Innerhalb der Grenzen lebt es sich eben doch deutlich besser. Und in der aktuellen Lage womöglich sicherer. Ein Weg zurück wäre allerdings ähnlich langwierig und kompliziert. Bräuchte jede Menge Verhandlungen, Verträge, Abkommen, Berge von Akten. Das war zu Agricolas Zeiten einfacher. Aber wenn man der EU eines nicht vorwerfen kann: *raptores orbis?* Sicher nicht!

CAPUT VII

EINE FÜR ALLE

LATEIN, DIE ERSTE WELTSPRACHE

Auf den Wein ist Zoll zu entrichten, die Münzen bringen Zinsen. Aber was ist mit Butter und Käse, den Mandeln, den Pflaumen? Gehe ich die Straße entlang in Richtung Markt oder zur Schule, wo man mit Tinte oder an der Tafel das Briefeschreiben lernt, ragen rechts und links Fassaden auf, Mauern mit Fenstern darin. Vielleicht bleibe ich aber auch einfach im Keller …

Peinlich, was war das denn gerade? Nüchtern betrachtet, der seltsamste Kapitelanfang des gesamten Buches. Dafür der einzige, der nur Substantive enthält, die lateinischen Ursprungs sind: der Wein vom *vinum* der Römer, der Zoll war mal ein *telonium*. Münzen *monetae*, die Zinsen ein *census* und so weiter, und so weiter. Sogar ein paar Adjektive, die via Latein ins Deutsche gelangt sind, waren hier schon zu lesen. Wahrscheinlich ohne dass es aufgefallen wäre: Nüchtern? Geht auf *nocturnus* zurück, also nächtlich, und beschreibt den Zustand, in dem mittelalterliche Mönche zum Frühgebet antanzten – eben ohne schon etwas gegessen oder getrunken zu haben. Und peinlich stammt von der *poena* ab, der Strafe, der Sühne, der Buße.

Das Deutsche ist durchdrungen von solchen Latinismen. Sprachforschende schätzen, dass bis zu 20 Prozent unseres Wortschatzes direkt oder indirekt aus der Sprache Roms ins Deutsche gelangt sind. Jedes fünfte Wort würde mithin aus dem Lateinischen stammen. Aber wie ist es dazu gekommen? Im Prinzip geschieht es in, je nach Zählweise, zwei bis drei Wellen. Die erste findet schon in römischer Zeit statt. Die Begriffe aus dem ersten Absatz beispielsweise: Sie benennen fast ausnahmslos Dinge, die mit der Eingemeindung des deutschen Südwestens ins Imperium hierher gelangen. Das sind so Sachen aus Bereichen wie

1. der Kulinarik: Der Weinbau an Rhein und Mosel geht auf die Römer zurück, Mandeln wachsen hier zwar nicht, werden aber importiert. Schließlich will man auch in der germanischen Peripherie nicht auf den *Lifestyle* verzichten, den man aus Italien gewohnt ist (siehe Caput XIII).

2. der Architektur und dem Bauwesen: Straßen und Häuser gibt es auch vorher schon. Aber es sind eigentlich eher Wege und Hütten (siehe Caput V).

3. dem Handel und der Verwaltung, die Begrifflichkeiten wie Münzen, Zinsen und Zölle notwendig machen.

BONVM SCIRE

ALLES IM FLUSS

Wir schippern über *die* Mosel – aber auf *dem* Rhein: warum eigentlich? Neben vielen Flur- und Ortsnamen, die römischen Ursprungs sind, geben auch die Namen unserer Flüsse Hinweis darauf, wer sie einst taufte. Oder besser: Wessen Bezeichnung wir heute noch verwenden. Während für die germanischen und keltischen Stämme, die in der Gegend siedelten, die wir heute Deutschland nennen, Flüsse eher männlich waren, waren die Römer vom Gegenteil überzeugt und deklinierten Fließgewässer tendenziell weiblich: **MOSELLA, DIE MOSEL.** Aber Achtung, das sagt nichts über die jeweiligen Einflusssphären! Kaum ein »deutscher« Fluss war den Römern wohl vertrauter als der Rhein. Sein Name ist dennoch männlich und war es auch in der Antike: Die Römer übernahmen einfach die Bezeichnung, die schon gebräuchlich war, ehe sie seine Ufer latinisierten.

Hinzu kommen Flur- und Ortsnamen, vor allem, wenn es sich um römische Gründungen handelt: Köln ist das einsilbige Überbleibsel der *Colonia Agrippina*, Mainz war mal *Mogontiacum*, Augsburg die *Augusta Vindelicum*, und Koblenz liegt am Zusammenfluss, den *confluentes*, von Mosel und Rhein. Apropos Mosel und Rhein: auch an deren heutigen Namen haben die Römer zumindest einen Anteil. Ebenso am Taunus, den Alpen, deren Bezeichnung auf *albus*, also »weiß« zurückgehen könnte, oder dem Schwarzwald – der zwar sehr deutsch klingt, aber dessen Name lediglich übersetzt wurde: Den Römern erschien dieser düstere, unendliche, quasi typisch germanische Baumteppich (siehe Caput X) als *silva nigra*, als schwarzer Wald.

Mit dem Rückzug der Legionen von Rhein und Limes und aus den germanischen Provinzen im 4. und 5. Jahrhundert n. Chr. (siehe Caput XVIII) verschwinden zwar viele der kulturellen Errungenschaften, Straßen und Gebäude verfallen. Auch der Nachschub an Mandeln dürfte eingebrochen sein. Was aber bleibt, ist die Sprache. Erst in den Klöstern, später in den Verwaltungen der neu entstehenden Machtzentren wie dem Frankenreich ist Latein Verkehrssprache. Bald auch in den Denkschulen, aus denen später die Wissenschaften entstehen – aber dazu gleich mehr.

Die letzte Welle schwappt schließlich über den Umweg anderer moderner Sprachen ins Deutsche. Etwa über das Französische und dann über das Englische. Letzteres ist zwar eigentlich eine germanische und keine romanische Sprache – wurde aber mit der Eroberung Englands durch die frankofonen Normannen im 11. Jahrhundert quasi ein zweites Mal latinisiert und verfügt dadurch über noch einmal deutlich mehr lateinisches Vokabular als das Deutsche (der Computer tut nichts anderes als *computare*, also rechnen).

Wie Englisch heute ist Latein zu Hochzeiten römischer Macht und Herrlichkeit eine Weltsprache. Man kann sogar sagen, es ist die erste Weltsprache des Planeten. Ein Teil der Gründe ist hier bereits angesprochen worden: In viele Teile des Imperiums gelangen viele Dinge erst im Zuge der römischen Expansion. Doch würde das nicht genügen, um den Aufstieg der lateinischen Sprache zur *lingua franca*, zum interkontinentalen Idiom zu erklären. Die Leute hätten schließlich ebenso gut weiter Keltisch sprechen

SEMPER VERBA RECTA

MAN SPRICHT GRIECHISCH

Bis zu 80 Millionen Menschen lebten innerhalb der Grenzen des Imperiums zu seinen Hochzeiten. Schätzungen sind schwierig und ungenau, aber das könnte ein gutes Viertel der Weltbevölkerung gewesen sein. Hätten die allesamt Latein gesprochen, wäre das eine höhere Durchdringungsquote, als das Englische sie heute aufweist. Allein, sie haben es nicht trotz allem, was auf diesen Seiten hier zu lesen ist. Im Osten des Reiches hat sich Latein nämlich nie komplett durchgesetzt. Es gelang ihm einfach nicht, die *lingua franca* zu verdrängen, die dort schon lange vorher verwendet wurde: Griechisch. So wie die Römer es trotz ihres ansonsten nicht eben unterentwickelten Selbstbewusstseins nie recht schafften, sich von ihrem Minderwertigkeitsgefühl gegenüber der griechischen Kultur zu befreien, gelang es auch nie, deren Sprache durch die eigene zu ersetzen. Im Gegenteil. Wer auf sich hielt, parlierte auch im Westen auf Griechisch. Beispiel Julius Cäsar: **ALEA IACTA EST**, der Würfel ist gefallen? Sein schicksalsschwerer Satz, als er im Januar des Jahres 49 v. Chr. mit seinen Soldaten aus Gallien kommend den Grenzfluss nach Italien überschreitet, damit willentlich einen Rechtsbruch in Kauf nimmt und einen Bürgerkrieg vom Zaun bricht, ist den meisten bekannt. Mindestens aus den Asterix-Comics. Wenn Cäsar ihn wirklich an den Ufern des Rubikon gesagt hat, tat er das aber vermutlich auf Griechisch – berichtet unter anderem Plutarch (der allerdings auch Grieche ist). Hier noch mal zum Mitschreiben: *ἀνερρίφθω κύβος!*

oder ihre germanischen Dialekte pflegen und dabei den ein oder anderen Terminus übernehmen können, wenn die eigene Sprache kein Synonym dafür bereithält. Die Durchdringung der Provinzen mit der Sprache Roms war jedoch – mit Ausnahme der griechischen Einflusssphäre – viel tiefer und nachhaltiger.

Für Plinius den Älteren liegt der Grund auf der Hand: »Italien ist das Land, das nach dem Willen der Götter ausersehen ist, die Sitten zu veredeln, die verschiedenartigen und rohen Sprachen so vieler Völker durch die Gemeinsamkeit der Umgangssprache zusammenzuführen, den Menschen Menschlichkeit zu verleihen, kurz, das alleinige Vaterland aller Völker auf dem ganzen Erdkreis zu werden.«

Wer jedoch weniger an himmlische Fügung glaubt, sondern vielmehr an ganz irdische und handfeste Argumente, geht wahrscheinlich eher mit Tacitus. Der beschreibt in seinem Buch *Agricola*, wie der gleichnamige Held der Geschichte Statthalter Britanniens wird und wie er alles dafür tut, dessen Bevölkerung zu romanisieren, bis sogar *ut qui modo linguam Romanam abnuebant, eloquentiam concupiscerent* – also »alle diejenigen, die eben noch die römische Sprache ablehnten, nun begehrten, sich in ihr auszuzeichnen«. Agricolas Trick (und der zahlloser seiner Kollegen an anderen Orten des Reiches): die lokalen Eliten an der Macht teilhaben lassen, sie in den römischen Herrschaftsapparat integrieren, wozu das Erlernen der Sprache Roms natürlich *conditio sine qua non* ist.

Die Rechnung geht auf. Vielerorts gelingt es, auf diese Weise – plus den sonstigen sichtbaren Vorzügen der römischen Lebensart – zumindest die Oberschicht zu assimilieren. Außerdem ist ja viel Zeit dafür: ein Großteil der Provinzen ist über Jahrhunderte hinweg fester Teil des Imperiums. Gelingt die Assimilation nicht in der ersten Generation, dann eben in der zweiten oder dritten. Bis Westroms letzter Kaiser im Jahr 476 n. Chr. abgesetzt wird (siehe Caput XVIII), ist Latein jedenfalls alles andere als eine Modeerscheinung, sondern über Generationen gelernt und tradiert. Und so verfestigt, dass die Römer sich zwar ab dem 4. Jahrhundert n. Chr. mehr und mehr zurückziehen, ihre Sprache aber vielerorts bleibt und zum Nukleus der romanischen Sprachen wird, die sich danach vielerorts ausbilden: Portugiesisch und Spanisch auf der Iberischen Halbinsel, Französisch, Italienisch sowieso. Aber auch Rumänisch oder die Rätoromanischen Sprachen, die von der Adria bis in die Alpen heute noch etwa 600 000 Sprecherinnen und Sprecher haben (und deren Name auf die römische Provinz *Raetia* zurückgeht). Alles in allem kommen die insgesamt fünfzehn romanischen Sprachen, nicht zuletzt durch die Expansion in Zeiten von Kolonialismus und Imperialismus ab der beginnenden Neuzeit und bis ins frühe 20. Jahrhundert, auf heute sogar rund 700 Millionen Menschen, die eine davon als Muttersprache sprechen – ein Vielfaches der Bevölkerung des antiken Imperiums.

Und warum ist dieses Buch hier dann nicht ebenfalls in dem romanischen Idiom verfasst, das sich nach dem Rückzug Roms in den germanischen Provinzen entwickelte? Weil es solch eine Entwicklung nie gab. Weder hier noch in Britannien – sorry, Tacitus – kann sich Latein als Verkehrssprache halten und wird stattdessen von germanischen beziehungsweise keltischen Sprachen wieder verdrängt (leider zusammen mit manch anderer kulturellen Errungenschaft). Jedenfalls in der Breite. Als Sprache der Kirche hat sich Latein allerdings längst etabliert, ebenso in den Amtsstuben, den Kanzleien der Mächte, die nun sukzessive das Vakuum Roms füllen, seien es die Goten – oder später die Franken, deren wichtigster Herrscher Karl der Große der erste westliche Herrscher sein wird, der mit seiner Krönung im Jahr 800 wieder den Kaisertitel trägt (siehe Caput VIII). Auch in dessen Vielvölkerstaat ist es hilfreich, sich auf eine und in einer gemeinsamen Verkehrssprache, nämlich Latein, verständigen zu können. Der internationale Austausch, etwa zwischen den aufstrebenden Universitäten, die überall in Europa ab dem 12. Jahrhundert aus dem Boden schießen, ist auch der Grund, warum die Sprache Roms sogar noch viel länger, nämlich locker bis ins 18. oder gar 19. Jahrhundert, die Sprache der Wissenschaft bleibt und weshalb zum Beispiel die mehr oder minder komplette Terminologie in Biologie und Medizin auf Latein ist.

Auch nicht ganz unerheblich: Mit der Niederlage der angelsächsischen Könige gegen die Normannen erleben die britischen Inseln jedenfalls hinsichtlich der Sprache eine Art zweite Romanisierung, weshalb das Englische – ursprünglich ja eine Art niederdeutscher Dialekt – einen Latinismus-*Boost* erhält, der nun, Ironie der Geschichte, in Teilen auch im Deutschen ankommt mit all den englischen Lehnwörtern, die in Wahrheit lateinische Wurzeln haben.

NUMERI PLACENT

VIELSCHREIBER UNTER WENIGEN

Nach allem, was wir wissen, ist von den antiken Autoren niemand aktiver gewesen als Marcus Tullius Cicero. Zusammengezählt kommen Ciceros Redemanuskripte, Briefe und philosophische Abhandlungen wie die berühmte *De re publica* auf etwa **EINE MILLION WÖRTER**. Das ist rund ein Zehntel der antiken Literatur – soweit man sie halt kennt. Der Großteil der antiken Schriften ist in den vergangenen zweitausend Jahren dummerweise verloren gegangen. Versehentlich, wenn mal wieder eine Klosterbibliothek in Flammen aufging. Oder ganz bewusst. Schließlich galten die Klassiker mitnichten immer als solche. Daher stutzt man auch nur kurz bei dieser Information: Je nach Zählweise kommen die antiken Autoren auch alle gemeinsam nur auf fünf bis zehn Prozent aller bekannten lateinischen Schriften. Der Rest? Stammt aus der Renaissance und vor allem dem Mittelalter und besteht aus Bibelkommentaren und liturgischen Texten.

Oder anders gesagt: Jede und jeder von uns spricht mehr Latein, als sie oder er glaubt. Jedenfalls, wenn man das verwendete Vokabular als Maßstab nimmt. Das heißt natürlich noch lange nicht, dass man deshalb mal kurz Tacitus oder Plinius im Original als Urlaubslektüre wegschmökern könnte.

Nein, das Vermögen dazu muss mühsam erlernt werden, selbst das große Latinum befähigt nur ansatzweise dazu – und nach Jahren ohne Übung gar nicht mehr, der Autor dieser Zeilen weiß, wovon er spricht.

Aber ist die Kompetenz diese Mühen überhaupt wert? Daran scheiden sich die Geister. Schätzungsweise fünf Prozent aller Schülerinnen und Schüler in Deutschland lernen Latein in der Schule, zwanzig Prozent, wenn man nur auf die Gymnasien sieht. Tendenz: sinkend. Klar, als Voraussetzung für die gesellschaftliche Teilhabe, um bei den *movers and shakers* mitmischen zu können, im *cursus honorum* des 21. Jahrhunderts, braucht kein Mensch mehr Latein. Da ist Englisch natürlich entschieden relevanter – siehe: *move and shake*. Warum also soll ich eine (wirklich nicht einfache) Sprache erlernen, wenn ich mich eigentlich mit so gut wie niemandem darin unterhalten, sondern nur uralte Texte lesen kann, die zudem in den vergangenen zweitausend Jahren mehrfach in die unterschiedlichsten Sprachen übersetzt wurden? Wie viele Zwischentöne gehen mir verloren, weil ich Cäsars Worte gefiltert durch die Übersetzung aufnehme? Einerseits.

Andererseits ist die Sprache Roms eben die Urmutter aller romanischen Sprachen. Ein paar Basiskenntnisse im Lateinischen – und Französisch, Spanisch und Co. sollten nicht allzu schwerfallen. Nicht einmal Surselvisch, das im westlichsten Zipfel des Schweizer Kantons Graubünden beheimatet ist (nicht zu verwechseln mit Sutselvisch, das man etwas weiter östlich spricht). Überhaupt ein solides Grundverständnis, wie Sprachen aufgebaut sind, wie sie funktionieren, ist einem damit gegeben. Deklinationen, Konjugationen – kaum eine Sprache lernt man mit so viel Theorie (und damit, sagen manche, logischem Denken) wie Latein. Noch einmal einerseits.

Andererseits spricht auch nichts dagegen, sich gleich an Spanisch oder Französisch zu wagen oder, warum nicht, irgendeinen rätoromanischen Dialekt zu erlernen – ohne den Umweg Latein. Ohne den theoretischen Ballast. Und Logik? Die gibt es auch in den Naturwissenschaften.

Es gibt für beide Seiten sinnvolle Argumente. Es ist gut, dass man nach wie vor Latein lernen kann, wenn man Latein lernen will. Es ist auch gut, dass niemand mehr Latein lernen muss. Und, wie gesagt, zu knapp zwanzig Prozent sprechen wir es ja ohnehin schon. Mit Zoll und Zinsen, Münzen und Mandeln.

CAPUT VIII

HALLO, HERR KAISER

VOM ERSTEN BÜRGER ZUM GOTTGLEICHEN WESEN

Emmanuel Macron ist zarte 39 Jahre alt, als er 2017 Präsident der Französischen Republik wird. Das ist ein Rekord – in Frankreich: Jacinda Ahern regiert Neuseeland schon mit 37, Sanna Marin übernimmt als 34-Jährige das Amt der Premierministerin Finnlands, Sebastian Kurz wird gar mit 31 Jahren Bundeskanzler Österreichs. Beeindruckende Beispiele für Menschen, die schon in erstaunlich jungen Jahren auf die höchsten Gipfel von Macht und Politik ihrer jeweiligen Heimatländer vorgedrungen sind. Und zwar auf legitimem Wege, indem man sie gewählt hat. Und ehrlicherweise auch nur in Bezug auf die Gegenwart in vergleichsweise jungen Jahren, schaut man in die Vergangenheit, sieht das anders aus.

Gaius Octavius (63 v. Chr. bis 14 n. Chr.), uns besser bekannt als Octavian, hat noch nicht einmal den 20. Geburtstag hinter sich, als er im Jahr 43 v. Chr. nach dem höchsten Amt Roms strebt, dem Konsulat. Ein gewagtes Unterfangen, durchlaufen Aspiranten auf diesen Titel doch für gewöhnlich erst einmal den *cursus honorum*, die klassische Ämterlaufbahn der Römischen Republik (siehe Caput XVI). Dessen Mindesteintrittsalter liegt allerdings bei 30, um Konsul zu werden gar bei 43 Jahren. Doch Octavian interessieren diese Regeln ungefähr genauso viel oder wenig wie die Römische Republik insgesamt. Er sieht sich als legitimer Nachfolger seines Adoptivvaters Gaius Julius Cäsar, der im Jahr zuvor einem Mord zum Opfer gefallen war – gemeinsam verübt von rund sechzig Senatoren, die auf diese Weise verhindern wollen, dass Cäsar die Alleinherrschaft ergreift und damit die Republik, auch wenn sie zu diesem Zeitpunkt schon seit Jahrzehnten eine Systemkrise erlebt, endgültig abschafft.

Und nun steht da dieser Jungspund, dem sie – zu Recht – dasselbe unterstellen. Aber Octavian weiß seiner Bitte Nachdruck zu verleihen. Nachdem der Senat ihn beim ersten Anlauf hat abblitzen lassen, startet er einen zweiten, aber diesmal wagt er es nicht allein, sondern mit *Back-up* durch seine treu ergebenen Legionen. Octavian lässt diese zwar zunächst vor den Stadttoren innehalten. Doch die Geste ist unmissverständlich. Sosehr diese unverhohlene Machtdemonstration auch als Bruch mit allen Gepflogenheiten gilt, haben die Senatoren ihr wenig entgegenzusetzen. Am Ende knicken sie ein und heben Octavian ins höchste Amt des Staates – das er nie wieder abgeben wird. Im Gegenteil: Vermeintlich, um die Cäsarmörder zur Strecke zu bringen, bildet Octavian zusammen mit Marcus Antonius (83 bis 30 v. Chr.) und Marcus Aemilius Lepidus (90 bis 12 v. Chr.) ein Triumvirat.

Dieses Dreierbündnis ist zunächst für fünf Jahre mit quasidiktatorischen Befugnissen ausgestattet, es kann also mehr oder minder unkontrolliert schalten und walten. Sukzessive werden die Mörder zur Strecke gebracht, daneben – wen überrascht's! – noch jede Menge sonstiger Widersacher, darunter zum Beispiel Marcus Tullius Cicero, der Mann, der uns mehr klassische Texte hinterlassen hat als jeder andere (siehe Caput VII) – damit aber auch die letzten machtvollen Verteidiger der Republik, die nun immer mehr zu einer Autokratie verkommt. Schlussendlich zerbricht auch das Triumvirat. Im großen Finale zieht Octavian in den Krieg gegen Antonius und dessen Verbündete Kleopatra (siehe Caput I und Caput XV) und steht, nachdem die beiden besiegt sind, unanfechtbar als Alleinherrscher da.

Aber er ist nicht nur ein gewiefter Machtmensch, er ist zudem ein ausgezeichneter Selbstdarsteller und -vermarkter. Octavian weiß genau, dass die harte Macht, die *hard power*, nur Teil eines

Erfolgsrezeptes sein kann. Dass für den dauerhaften Machterhalt auch *soft power* nötig sein wird. Also stößt er dringend benötigte Reformen an, unterzieht Rom einer architektonischen Transformation hin zu der strahlenden Metropole, wie wir sie bis heute vor Augen haben. Ein *Boost* für die zumindest gefühlte Lebensqualität von vielen. Octavian tut parallel eine Menge dafür, die Menschen, vor allem die in potenziell einflussreichen Positionen, zu entpolitisieren. Propagiert eine neue beziehungsweise auf alten Tugenden beruhende Ethik und Moral, eine Hinwendung ins Private, ein Abfeiern der Familie. Und er ist außerordentlich geschickt darin, die faktische Autokratie als republikanisch legitimiert zu verbrämen. Sich, in der Rückschau geradezu zynisch, als Bewahrer der Republik, als Retter der Nation zu präsentieren. Erst spätere Generationen nennen ihn Roms ersten Kaiser – ein Lehnwort übrigens abgeleitet vom Namen seines Adoptivvaters Cäsar. Er selbst bezeichnet sich zeitlebens als *princeps*, als erster Bürger im Staate. Aber eben *Bürger* wie alle anderen auch. Dass die ihn bald vergöttlichen? Deren Entscheidung! Im Jahr 27 v. Chr. beschließt der Senat, Octavian den Titel *Augustus* zu verleihen, der Erhabene. *Funfact*: Als Kaiser Augustus ist uns der Mann bis heute in Erinnerung, Weihnachtsgeschichte und so. Augustus heißen tatsächlich auch sämtliche Nachfolger Octavians für die nächsten mehr als sechshundert Jahre – kaiserlicher Ehrentitel eben.

Geht es nach Augustus, genügt das aber auch, schließlich muss sich der Senat über das Verleihen von Ehrentiteln hinaus nicht mehr ernsthaft in Machtfragen einmischen. Noch vor seinem Tod designiert der Kaiser, Entschuldigung: der *princeps* Tiberius zu seinem Nachfolger – nachdem er ihn gezwungen hat, Augustus' Tochter Julia zu heiraten, wodurch Tiberius, wenn schon nicht zum leiblichen, dann doch immerhin zum Schwiegersohn wurde. Man ahnt es schon: Der Mann möchte die Macht in der Familie halten. Möchte sie für die Ewigkeit zementieren. Wenn auch nicht ganz so dauerhaft wie das sagenhafte *opus caementitium* (siehe Caput XIV), gelingt es der von Augustus begründeten julisch-claudischen Dynastie immerhin insgesamt fünf Herrscher hervorzubringen, die Rom bis 68 n. Chr. regieren werden. Und während Tiberius zumindest noch pro forma darauf wartet, vom Senat quasi auf den Thron gebeten zu werden, halten seine Nachfolger das schon nicht mehr für notwendig. Und das ist es auch nicht. Denn mit der Zeit verblasst die Erinnerung an die Republik, wird das Kaisertum als neue Staatsform zunehmend akzeptiert.

Allerdings halten die Nachfolger auch manches andere nicht mehr für notwendig. Klug, umsichtig und im Interesse des Gemeinwohls zu regieren beispielsweise. Das gilt vor allem für die beiden Männer, die als Caligula (12 bis 41 n. Chr.) und Nero in die Geschichtsbücher eingegangen sind – und zwar so, wie man es niemandem wünscht: Der eine, Caligula, soll sein Pferd zum Konsul gemacht haben. Nero wird quasi unisono von den antiken Autoren, darunter Tacitus, Plinius der Ältere, Seneca, Sueton, Juvenal, Cassius Dio, die Verantwortung für das große Feuer in die Sandalen geschoben, das im Sommer 64 n. Chr. weite Teile Roms vernichtete (nur vier der damals vierzehn Stadtbezirke bleiben verschont). Zu Unrecht, wie die moderne Forschung inzwischen glaubt. Aber da eine solche Tat offenbar perfekt ins sonstige Charakterprofil Neros passt, ist der Mann bis heute nicht wirklich rehabilitiert. Ist ja klar. Nero schlägt einfach über die Stränge, schert sich keinen Deut um Tradition, Ehre, Moral und dergleichen. Er ist sich nicht zu schade, selbst als Wagenlenker bei den Olympischen Spielen anzutreten (und wie auf wundersame Weise jedes Rennen zu gewinnen. Ein Schelm, wem sich Parallelen zu Donald Trump und seinen Golf-Erfolgen aufdrängen) oder als Dichter und Sänger seine eigenen Verse zum Besten zu geben. Die Massen zwar: begeistert. Das standesbewusste Bürgertum jedoch eher: entsetzt. Schließlich haben die Senatoren den Kanal voll, erklären den Kaiser zum *hostis publicus*, zum Staatsfeind. Doch da ist ihm die Macht ohnehin schon entglitten und mit Lucius Livius

Ocella Servius Sulpicius Galba (3 v. Chr. bis 69 n. Chr.), kurz Galba, ein ernsthafter Konkurrent erwachsen, sodass Nero sich im Juni 68 n. Chr. nicht ganz freiwillig und auch nicht ganz ohne fremde Hilfe das Leben nimmt.

BONUM SCIRE

VON BEI- UND SPITZNAMEN

Karl der Große, Friedrich der Weise? Herausragenden Herrschern einen besonderen Namenszusatz zu verpassen, ein sogenanntes *agnomen*, pflegten schon die Römer. Beliebt war es zum Beispiel, quasi per Signatur auf militärische Leistungen zu verweisen: Publius Cornelius Scipio (235 bis 183 v. Chr.) durfte sich den Africanus anhängen, nachdem er Roms großen Gegenspieler, den Karthager Hannibal, im zweiten Punischen Krieg ausgeschaltet hatte. Auch spätere Kaiser folgten der Tradition: Claudius Britannicus, Traian Particus. Manch einer musste sich allerdings mit fragwürdigeren Spitznamen arrangieren. Lucius Septimius Bassianus (188 bis 217 n. Chr.) wurde mit sieben Jahren zu Marcus Aurelius Severus Antoninus, um ihn in eine – konstruierte – Ahnenreihe mit Marc Aurel zu stellen, einem der fähigsten Herrscher, die Rom jemals hatte. Weiß aber außerhalb von Fachkreisen kaum jemand. Wir kennen den Mann nur als **CARACALLA**, nach dem gleichnamigen Kapuzenmantel, den er gern trug und den er zu einem *fashion item* seiner Zeit machte. Oder Gaius Caesar Augustus Germanicus (12 bis 41 n. Chr.), schon mal gehört? Vielleicht nicht, aber gewiss kennt man ihn als **CALIGULA** – deutsch: Stiefelchen. Während aus Caracallas Mantel noch Respekt sprach (er trug ihn, um seine Nähe zur Armee zu unterstreichen, von der er verehrt wurde), war das Stiefelchen ein reiner Spottname. Allerdings kam der erst nach dem Tod des Kaisers in Mode. Alles andere wäre auch zu gefährlich gewesen: Caligula war für seine Brutalität und seinen Sadismus gefürchtet – worin ihm Caracalla allerdings kaum nachstand. Beide erlebten übrigens ihren dreißigsten Geburtstag nicht, weil sie von ihren Leibwachen ermordet wurden. Aber das ist eine andere Geschichte.

Mit dieser Art Notbremse endet die julisch-claudische Dynastie nach knapp hundert Jahren. Es endet auch das Experiment der faktischen Erbmonarchie – fürs Erste und in einem Desaster. Dass die Nachfolge qua Stammbaum bestimmt wird, macht die Sache zwar klar und berechenbar. Aber man läuft eben Gefahr, dass auf diese Weise Menschen an die Staatsspitze gelangen, deren Handeln alles andere als klar und berechenbar ist (okay, dass eine republikanische Staatsform und demokratische Kultur auch kein Patentrezept dagegen ist, zeigt sich in unserer Gegenwart).

In den Nachwehen von Neros Tod droht das Reich im Chaos zu versinken. 69 n. Chr. wird zum Vierkaiserjahr (dem ersten, leider nicht einzigen in der Geschichte Roms). Erst an dessen Ende und mit dem vierten Mann auf dem Thron kehrt wieder Ruhe ein. Vespasian (9 bis 79 n. Chr.) lenkt die Geschicke des Reiches immerhin für die kommenden zehn Jahre. Seine vielleicht goldenste Ära erlebt das Imperium aber mit den »fünf guten Kaisern« (die weder sich selbst so sehen noch von den Zeitgenossen so genannt werden. Den Begriff prägt erst Edward Gibbon, der im 18. Jahrhundert eines der ersten modernen und mit mehr als dreitausend Seiten äußerst detaillierten Standardwerke der römischen Geschichte verfasst). Auch wenn die heutige Forschung durchaus kritisch auf die fünf Herren Trajan, Hadrian, Antoninus Pius, Marc Aurel und dessen Mitkaiser Lucius Verus blickt, stehen sie doch für eine fast hundertjährige Phase der Prosperität. Beispiele? Da wäre zu nennen:

- Trajan, unter dem das Imperium seine größte Ausdehnung *ever* erreicht (siehe Caput I und II).
- Hadrian, der zwar manches davon wieder rückgängig macht, aber durch diese kluge Arrondierung der Grenzen für lange Zeit Frieden und Stabilität sichert (siehe Caput XVIII).
- Marc Aurel aka der Philosophenkaiser, der als überaus reflektierter und umsichtiger Herrscher in die Geschichte eingeht

(sich sogar über die Vor- und Nachteile der römischen Badekultur Gedanken macht, siehe Caput XVII) und dem man eigentlich nur eines vorwerfen kann: keinen Nachfolger mehr adoptiert zu haben.

Denn das ist das Erfolgsrezept der fünf: Durch Adoption dafür Sorge zu tragen, dass die Macht an der Spitze des Riesenreiches garantiert in fähige Hände übergeben wird. Der Vorwurf, den man Marc Aurel diesbezüglich machen kann, wiegt indes schwer. Denn mit Commodus beginnt die nächste Schreckensherrschaft. Auch wenn Aurels leiblicher Sohn nach heutigem Forschungsstand vielleicht doch einige staatsmännische Qualitäten besitzt, werden die von seinen charakterlichen Defiziten derart stark überschattet, dass ihm noch immer – alle, die »Gladiator« gesehen haben, nicken wissend – der Ruch eines Monsters anhängt. Ein Monster, dessen Herrschaft am Ende wieder einmal durch einen gewaltsamen Tod beendet wird, in dessen Folge Rom in ein nächstes Vierkaiserjahr schlittert.

Auch wenn das Kaisertum in den zweihundert Jahren von Augustus bis Commodus einige Krisen durchlaufen hat, einige Transformationen, und auch wenn das in der Folge so weitergeht (als Nächstes kommen die sogenannten Soldatenkaiser, die zwar wieder für Stabilität sorgen – aber faktisch eine Art Militärdiktatur begründen, da sie ihre Macht komplett auf ihre Armeen stützen, was sie wiederum von deren Wohl und Wehe abhängig macht): Das System besteht bis zum Ende Roms fort. Erst 476 n. Chr. endet es – zunächst im Westen des Imperiums, das zu diesem Zeitpunkt seit rund achtzig Jahren endgültig in zwei Sphären geteilt ist. Im Osten regieren die Kaiser danach allerdings noch für weitere tausend Jahre. Und das Kaisertum, die Idee des Königs der Könige, eines Metaherrschers, wird nachgerade unsterblich.

Es ist überhaupt nicht verwunderlich, dass Karl der Große, nachdem er gute dreihundert Jahre nach dem Fall Westroms ein neues Reich in Europa erschaffen hat, denselben Titel für sich beansprucht. Sich in dieselbe Tradition stellt. Es ihm nicht genügt,

BONUM SCIRE

DER ARM DES GESETZES

Prodesse et delectare, zugleich nützen und erfreuen solle die Literatur – hat Quintus Horatius Flaccus (65 bis 8 v. Chr.) zwar nie so behauptet, so wird der Mann, besser bekannt als Horaz, aber gern zitiert. Sicher ist, die Asterix-Comics, von denen es mittlerweile mehr als vierzig Bände gibt, leisten genau das: Lustige Geschichten erzählen und zugleich Basiswissen über das alte Rom vermitteln. Oder nicht? Glaubt man den Autoren, begrüßten die Römer einander stets mit schräg nach oben ausgestrecktem Arm. Der **SALUTO ROMANO**, der römische Gruß, wurde von den italienischen Faschisten – die sich in der imperialen Tradition von Augustus und Co. sahen – und wenig später von den Nationalsozialisten in Deutschland übernommen, wo er heute eher als Hitlergruß bekannt und zu Recht verboten ist. Kleiner Schönheitsfehler: Es gibt keinen belastbaren Beweis dafür, dass Augustus oder sonst wer in den Jahrhunderten vor oder nach ihm die Römer, Freunde und Mitbürgerinnen auf diese Art gegrüßt hätte. Keinen belastbaren Hinweis in Kunst oder Literatur (allenfalls eine einzige Darstellung auf der Trajanssäule, aber selbst da winken die meisten Expertinnen und Experten ab).

Nach allem, was wir aus bildlichen oder schriftlichen Quellen wissen, sieht es so aus, als hätten Römerin und Römer einander vielmehr mit lässig angewinkeltem Arm gegrüßt. Haben das die Asterix-Autoren nicht besser gewusst? Möglicherweise! Aber deren erste Geschichten entstanden, als der Zweite Weltkrieg und die Erinnerung an die deutsche Besetzung Frankreichs noch in lebhafter Erinnerung waren. Der römische Gruß von Asterix' Gegenspielern, er ist also vielleicht mehr eine Reminiszenz an den Hitlergruß.

faktisch König der Könige zu sein, nein. Er zieht eigens nach Rom, um sich dort vom Papst gleichsam zum Nachfolger von Augustus und Co. machen zu lassen, mit dem Ziel, sich und seinen Status quasi zu überhöhen, mindestens aber zu erhöhen: Ja, vielleicht nur von Gottes *Gnaden*. Aber hey, schon auch selbst ein bisschen gott*gleich*, oder? Ebenso betrachten es ab dem 10. Jahrhundert die deutschen Kaiser. Warum sonst sollten sie ihr Reich als das »heilige römische« bezeichnen?

Selbst Europas beide letzten Kaiser, der deutsche Wilhelm II. und sein österreichischer Kollege Karl I., sehen sich, zumindest

NVMERI PLACENT

EINE QUIZFRAGE OHNE ANTWORT

Augustus' Machtübernahme war ein Epochenwechsel. 482 Jahre nach ihrer Gründung war die römische Republik endgültig Geschichte, es folgten Jahrhunderte des Kaisertums. Wie viele genau, darüber lässt sich trefflich streiten: **312 JAHRE**, bis Diokletian erkennt, dass das Imperium zu groß geworden ist, um von einer einzigen Person beherrscht zu werden, und es vierteilt? **503 JAHRE** bis zum endgültigen Fall Roms und der Abdankung seines letzten Herrschers – der fast schon ironischerweise auf den Namen Augustulus, das Augustlein, hört? **1480 JAHRE**, bis der osmanische Sultan Mehmed II. Konstantinopel erobert, womit auch das oströmische Reich zu existieren aufhört? Zu entscheiden, wie viele Herrscher bis dahin auf dem römischen Thron saßen, ist sogar noch schwieriger, gibt es in Krisenzeiten doch neben den legitimen auch noch selbst ernannte oder von ihren Soldaten ins Amt gehobene Herrscher – Usurpatoren, die selten allseits anerkannt werden und auch selten länger als ein paar Monate, bestenfalls Jahre ihre Position genießen können, ehe sie in der Regel erstochen, vergiftet oder unter sonst welchen dubiosen Umständen aus dem Weg geschafft werden.

ideell in der Tradition Roms. Wie dessen letzte Herrscher, Romulus Augustulus im Westen, Konstantin XI. im Osten, verloren sie ihre Reiche jeweils aufgrund einer Kriegsniederlage. Schluss, aus, vorbei: Das Kaisertum ist damit, knapp zweitausend Jahre nachdem sein Namenspate Gaius Julius Cäsar erstmals die gierigen Hände nach der alleinigen Macht ausstreckte, ein für alle Mal Geschichte. Jedenfalls in Europa, in der westlichen Welt (auch wenn manch heutiger Machthaber sich mit dementsprechenden autokratischen Allüren kaisergleich aufführen mag). Einen letzten Kaiser gibt es aber noch – und seine Tradition ist gar noch älter als die römische: Seit 2019 sitzt Naruhito auf dem Chrysanthementhron. Er ist damit der 126. Tenno, der erste von ihnen wurde 660 v. Chr. Kaiser von Japan.

CAPUT IX

HABE NUN, ACH …!

ALS DIE JURISTEREI VOM WILLKÜRAKT ZUR WISSENSCHAFT WURDE

Ist dies Papinian, ist dies das Angesicht,
Nach dem sich Rom und Welt als seinem Leitstern richt'?
Ist dies die schöne Stirn, auf der der Tugend Wesen
Und treu' Aufrichtigkeit ausdrücklich war zu lesen?
Ist dies der weise Mund, ob dem die Erden starrt',
auf dessen Ausspruch man als auf Weissagung harrt'?
Ist dies die edle Faust, die Feind und Krieg vertrieben
Und Richtschnur und Gesetz der Nachwelt vorgeschrieben?

Die Mutter kann es einfach nicht fassen, will es nicht fassen:

Ist dies Papinian, ist dies sein blutig End?

Aber es stimmt: Papinian, genau genommen: Aemilius Papinianus (142 bis 212 n. Chr.) ist tot, hingerichtet auf Befehl von Kaiser Caracalla (188 bis 217 n. Chr.) – wenn auch anders als angeordnet mit einer Axt anstelle eines Schwertes, wie es eigentlich standesgemäß gewesen wäre. Kleiner Schönheitsfehler, ansonsten nur ein winziger Mosaikstein in den groß angelegten Säuberungsaktionen, mit denen Caracalla erst seinen Bruder und Mitregenten Geta (189 bis 211 n. Chr.) aus dem Weg schafft und dann dessen Verbündete, tatsächliche oder eingebildete. Laut Cassius Dio, der das alles – anders als sonst so oft – vergleichsweise zeitnah niederschreibt, sind es am Ende 20 000, die den Tod finden. Per Axt, Schwert oder sonst wie.

Papinian ist sicher kein Verbündeter Getas (beide Brüder stehen sich in ihrer Grausamkeit und Machtgier wenig nach), sterben muss er trotzdem. Hat er es doch tatsächlich gewagt, sich zu weigern, Caracallas Brudermord juristisch zu verbrämen, zu legitimieren. Hat also nicht weniger als dem Kaiser selbst widerspro-

NVMERI PLACENT

WENN KAISER GECANCELT WERDEN

Caligula (12 bis 41 n. Chr.) ist wahrscheinlich einer der bekanntesten Herrscher Roms. Trotzdem sind von dem Mann, soweit man weiß, gerade mal **ZWEI LEBENSGROSSE STATUEN** erhalten geblieben. Nach nur vier Jahren auf dem Thron und noch ehe er seinen dreißigsten Geburtstag feiern konnte, zog des Kaisers eigene Leibgarde sozusagen die Notbremse und brachte ihn um, quasi um Schlimmeres zu verhindern: Caligula herrschte despotisch und brutal, schon die antiken Quellen stempeln ihn als nachgerade wahnsinnig ab. Oder würden normale Leute ihr Pferd zum Konsul ernennen? Eben! Kein Wunder also, dass der Senat nach Caligulas Ende alles daransetzte, die Erinnerung an den Irren auf dem Palatin auszulöschen. Inschriften wurden weggemeißelt, Büsten, Porträts oder Standbilder zerschlagen oder alternativ umgearbeitet: Kopf ab, neuer Kopf drauf, das soll jetzt übrigens Augustus darstellen. *Damnatio memoriae*, Verdammung des Andenkens, hieß diese Art der Bestrafung, zu der man verurteilt werden konnte. Wie viele Kaiser dieses Urteil *postum* erhielten, ist unklar. Mindestens eine Handvoll, darunter berüchtigte Namen wie Nero, Domitian, Commodus und Geta. Es könnten auch mehrere Dutzende gewesen sein. Hängt immer davon ab, wen man fragt: den Senat? Den Nachfolger? Den Mitkaiser? Wer spricht das Urteil, wer hebt es womöglich wieder auf? Caligulas Thronerbe, sein Onkel Claudius, war jedenfalls nicht daran interessiert, hier einen Präzedenzfall zu schaffen. Daher nur eine Art halbgare *damnatio*.

chen – und sich dabei auf das Gesetz berufen. Selbst schuld? Vielleicht, aber dafür konsequent. Konsequent für einen, der die Idee von Recht und Ordnung quasi lebt (und vielleicht folgerichtig: dafür stirbt) und damit wahrscheinlich nicht erst *postum* zum geistigen Vorbild vieler Römer avanciert – wie es auch die Verse des deutschen Barockdichters Andreas Gryphius (1616 bis 1664) widerspiegeln, der sich des Stoffes annimmt und ihn zum Bühnenstück ausarbeitet, siehe oben: ein Ausschnitt aus dem dramatischen Finale von *Großmüttiger Rechts-Gelehrter, Oder Sterbender Aemilius Paulus Papinianus*. Doch selbst ohne Gryphius' Zeilen wäre Aemilius Papinianus nicht in Vergessenheit geraten. Erst recht nicht sein Vermächtnis. Der Mann gilt bis heute als einer der wichtigsten Juristen Roms. Ungemein klug und stets bereit, sich in die komplexesten Rechtsfälle reinzudenken. Moralisch absolut integer: *Non omne quod licet honestum est* – dass nicht alles, was erlaubt ist, auch ehrenhaft ist, ist die ethische Dimension, die unter anderem durch Papinian Teil der römischen Rechtsauffassung wird.

Recht in Gesetzen niederzuschreiben, das ist keine urrömische Erfindung. Berühmt ist der *Codex Hammurabi*. Diese älteste vollständig erhaltene Gesetzessammlung geht auf Hammurabi I. zurück. Der ist fast zweitausend Jahre vor Papinians Lebzeiten König von Babylon. Und schon dieser Codex hat Vorläufer. Doch mit den Römern kommt es zu einer Revolution. Haben jahrhundertelang Herrscher Recht gesprochen – mal mit, mal ohne Codex –, gelingt den Römern erstmals die Trennung: kein göttlicher Wille, keine herrschaftliche Willkür (schöne Grüße an Caracalla an dieser Stelle) sollen entscheiden, was richtig und was falsch ist – sondern ein festgeschriebenes, in Gesetze und Paragrafen gegossenes Recht. Möglichst eindeutig und wenig dehnbar, aber trotzdem vielseitig und anpassbar, um auch auf Sachverhalte übertragbar zu sein, die es so vielleicht noch gar nicht gegeben hat.

Rationale Argumentation und Logik treten an die Stelle göttlicher Offenbarung und kaiserlicher Launen. Die Rechtsprechung wird von den Römern professionalisiert – und es entstehen auch die passenden Berufsbezeichnungen dazu: Die Welt sieht die ersten Juristen, die Ersten, die sich als Anwälte ihre Meriten, ihre Anerkennung verdienen – und oft tatsächlich vor allem diese: Während man heute angesichts der Stundensätze, die in Advokatenkreisen Usus sind, schnell mit den Ohren schlackert, ist die römische Juristerei weniger umsatzgetrieben. Oder nur mittelbar: Wer andere in Rechtsfragen vertritt, erlangt deren Gunst und Anerkennung und empfiehlt sich zum Beispiel für eine Karriere im Staatsapparat (siehe Caput XVI). Papinian beispielsweise bringt es bis zum Prätorianerpräfekten. Nominell ist das der Befehlshaber der Prätorianergarde, der kaiserlichen Leibgarde, faktisch aber ist man als solcher seit der Regentschaft von Caracallas Vater Septimius Severus (146 bis 211 n. Chr.) zusätzlich in Fragen der Verwaltung, Finanzen aber auch Rechtsprechung zuständig.

Was die Nachwelt diesem aufstrebenden Berufs- beziehungsweise Wissenschaftszweig der Rechtsprechung verdankt, ist kaum zu überschätzen (vielleicht abgesehen von bisweilen horrenden Anwaltskosten). Grundsätzliche Normen von Recht und Gesetz, die wir heute für selbstverständlich halten, entwickeln sich in römischer Zeit. Ein paar Beispiele gefällig?

- Von Domitius Ulpianus (etwa 170 bis 223 n. Chr.), kurz Ulpian, wissen wir nicht viel: Er hat wie Papinian unter den Severern, deren Dynastie mit Septimius und dessen Sohn Caracalla beginnt, Karriere gemacht, es ebenfalls zum Prätorianerpräfekten gebracht (und wurde ebenfalls mindestens unter Mitwisserschaft des Kaisers, wenn nicht auf dessen Geheiß getötet). Immerhin hat er es vorher noch geschafft, ein paar Sätze aufzuschreiben, die ihn unsterblich gemacht haben. *Iustitia est constans et perpetua voluntas ius suum cuique tribuendi* – Gerechtigkeit ist der beständige und dauerhafte Wille, jedem das Seine zu geben. Damit bringt Ulpian einen zentralen Grundsatz römischen Rechts auf den Punkt: die unbedingte Verpflichtung, nicht nur Gerechtigkeit walten zu lassen, sondern auch den Grundsatz der Gleichheit einzuhalten. Niemand, soll das bedeuten, steht über dem Gesetz. Niemandem ist das Gesetz mehr verpflichtet als anderen. Dass von alledem Menschen ohne römisches Bürgerrecht und Sklaven erst recht ausgenommen sind? Klar, das versteht sich von selbst. Aber immerhin, es ist ein großer Schritt auf dem Weg zu der modernen Rechtsauffassung, wie wir sie heute teilen.

- Von Gaius, der irgendwann um die Mitte des 2. Jahrhunderts n. Chr. lebt und wirkt, ist noch weniger bekannt. Nicht einmal sein vollständiger Name. Aber dafür seine *Institutiones*, das einzige komplett erhaltene juristische Lehrbuch aus dieser Epoche. Darin stehen dann so Sachen wie: *Omnes populi, qui legibus et moribus reguntur, partim suo proprio, partim communi omnium hominum iure utuntur* – alle Völker, die durch Gesetze und Sitten regiert werden, nutzen teils ihr eigenes Recht, teils das gemeinsame Recht aller Menschen. Gaius stellt damit klar, dass es nicht eine einzige Form von Recht gibt, sondern man stets unterscheiden muss, etwa zwischen einem *ius gentium*, einem universellen Recht, das über alle Grenzen und grundsätzlich für alle Menschen gültig ist, sowie einem *ius civile*, also der spezifischen Rechtsverfassung, die ein bestimmtes Volk, eine Gesellschaft sich geben mag. In Rom ist dieses *ius civile* wiederum unterteilt, etwa in *ius publicum* und *ius privatum*. Also in das öffentliche und das private Recht. Gar nicht zu unterschätzen: Rom erfindet gleichsam durch seine Abgrenzung zur öffentlichen Sphäre das Private an sich – und schützt es auch.
- Sextus Pomponius schließlich, ein Zeitgenosse des Gaius mit ebenso unklarer Biografie, schreibt: *Iure naturae aequum est*

neminem cum alterius detrimento et iniuria fieri locupletiorem – Naturrecht ist, dass sich niemand zum Schaden eines anderen unrechtmäßig bereichern darf.

Papinian, Ulpian, Gaius, Pomponius – die Liste ließe sich beliebig fortsetzen: Über die Jahrhunderte bringt das Römische eine Vielzahl namhafter und prägender Juristen hervor. Aber mit ihnen

BONUM SCIRE

DAS JAWORT ZUR STAATSANGELEGENHEIT

Zu den vielleicht größten Errungen- und Hinterlassenschaften des römischen Rechts gehört die klare juristische Trennung in öffentliche und private Angelegenheiten, *ius publicum* versus *ius privatum*. Grundsätzlich eine gute Sache, auf jeden Fall. Und solange man sich einig ist, was genau in welche Sphäre fällt. Beispielsweise das Thema »Ehe«: Heute zweifelsfrei eine Privatangelegenheit. In antiker Zeit? Das genaue Gegenteil! Im Jahr 18 v. Chr. erlässt Augustus zum Beispiel seine **LEX JULIA DE ADULTERIIS**, mit der Ehebruch zur Straftat wurde. Weniger zum Schutz des Partners oder der Familie – sondern zum Schutz der öffentlichen Ordnung: Wer Ehebruch begeht, rüttelt am Fundament der römischen Gesellschaft, gefährdet die *pax publica,* so die Botschaft, den öffentlichen Frieden, weshalb übrigens nicht nur betrogene Ehepartner klagen konnten, sondern im Prinzip jeder, sogar der Staat selbst. Augustus positionierte sich damit als eine Art Retter der römischen Tugenden. Dahinter stand aber nicht zuletzt knallhartes politisches Kalkül: Beschäftigt ihr euch mit Sitte und Moral – und überlasst mir das Herrschen (siehe Caput VIII). Seine eigene Tochter wurde übrigens »Opfer« dieser Rechtsprechung und musste in die Verbannung, nachdem sie eine außereheliche Affäre gehabt haben soll – ausgerechnet mit dem Sohn von Augustus' größtem Widersacher Marcus Antonius. So ein Zufall …

wächst zugleich der Korpus der Gesetzestexte fortwährend, bis es kaum mehr möglich ist, einen wirklichen Über-, geschweige denn Durchblick zu behalten.

Auftritt: Justinian (482 bis 565 n. Chr.). Der vielleicht wichtigste Herrscher der Spätantike setzt bereits ziemlich zu Anfang seiner Regentschaft eine Art Expertenkommission ein, die sich durch den juristischen Dschungel kämpfen soll. Angeblich wertet das Team sage und schreibe zweitausend Bücher aus, insgesamt wohl mehr als drei Millionen Textzeilen. Zum Vergleich: Die *Aeneis* von Publius Vergilius Maro, kurz Vergil (70 bis 19 v. Chr.), das vielleicht wichtigste und bekannteste Versepos in lateinischer Sprache, besteht aus gerade einmal 9896 Versen.

Justinians Leute streichen den gigantischen Textkorpus auf fünf Prozent seines ursprünglichen Umfangs zusammen. Diese sogenannten Digesten bleiben für die kommenden beinahe tausend Jahre in Kraft – jedenfalls in Ostrom. Der Westen des Imperiums hat da schon länger aufgehört zu existieren, und damit meistenteils auch das römische Recht mit all seinen Errungenschaften. In den ehemaligen Provinzen Germaniens kehrt beispielsweise das germanische Gewohnheitsrecht zurück. Das allerdings nicht einmal verschriftlicht ist. Natürlich ein Albtraum aus Sicht römischer Juristen.

Zum Glück werden Justinians Digesten im 11. Jahrhundert auch im Wesen wiederentdeckt. Vor allem durch die ersten Universitäten, die ja auch dafür sorgen, dass Latein als Sprache der Wissenschaft lebendig bleibt (siehe Caput VII), erleben das römische Recht und die Jurisprudenz eine Renaissance und schaffen so den Weg in die Neuzeit und Moderne: Bis heute gehen eine Menge Rechtsgrundsätze in Deutschland wie in vielen anderen Staaten der Welt direkt auf den römischen *Corpus Iuris Civilis* zurück. Fragen nach Eigentum, Schadensersatz oder der Verbindlichkeit von Verträgen gehören dazu.

Aber auch ein Satz, den man aus Fernsehkrimis kennt und der fällt, sobald eine verdächtige Person verhaftet und über ihre Rechte aufgeklärt wird: »Sie haben das Recht zu schweigen.« In der bildungsbürgerlichen Variante des »Tatorts« hieße das: *Nemo tenetur se ipsum accusare* – Niemand ist verpflichtet, sich selbst zu belasten.

SEMPER VERBA RECTA

WAS ZU BEWEISEN WÄRE

Es ist ein Grundsatz der römischen Rechtsprechung und ist es bis heute: Es gilt so lange die Unschuldsvermutung, bis einer angeklagten Person ihre Tat zweifelsfrei nachgewiesen ist. In den Digesten Justinians, dem antiken Gesetzesfundus, aus dem eine Vielzahl moderner Rechtssysteme entstanden sind, heißt es dazu: »Dem obliegt der Beweis, der behauptet, nicht dem, der leugnet.« Beziehungsweise im Original: *ei incumbit probatio qui dicit, non qui negat*. Okay, das muss man sich ein paarmal vorsagen, ehe es locker im Gespräch von der Zunge geht. Einfacher ist es mit der deutlich kürzeren und bekannteren Formel: **IN DUBIO PRO REO** – im Zweifel für den Angeklagten. Ist ebenfalls feinstes Schullatein, hat nur einen Haken: Das Prinzip der Unschuldsvermutung haben wir zwar von den Römern geerbt, die knackige Formel stammt allerdings aus späterer Zeit. Sie wird einem italienischen Rechtsgelehrten namens Egidio Bossi (1487 bis 1546) zugeschrieben.

CAPUT X

DREI LEGIONEN FÜR EIN HALLELUJA

WIE DIE KATASTROPHE DER VARUSSCHLACHT ZUM URDEUTSCHEN MYTHOS WURDE

Augustus gilt als PR-Genie, als Meister der Selbstvermarktung und -inszenierung (siehe Caput VIII). Was Gaius Suetonius Tranquillus (etwa 70 bis 122 n. Chr.), kurz Sueton, über den ersten *princeps* und endgültigen Totengräber der Römischen Republik schreibt, passt da nur schwerlich ins Bild: »Es heißt«, schreibt der Verfasser von *De vita Caesarum*, den berühmten Kaiserviten, »seine Niedergeschlagenheit sei so groß gewesen, dass er monatelang Haar und Bart wachsen ließ, immer wieder den Kopf gegen die Türen rammte und dabei ausrief: »*Quinctili Vare, legiones redde!*« – Quinctilius Varus, gib die Legionen zurück!

Bärtig, zottelig, den Schädel verbeult – das ist nicht unbedingt das erste Bild, das einem beim Gedanken an Augustus in den Kopf kommt. Sueton beschreibt das Borderlineverhalten des Herrschers allerdings erst mehr als hundert Jahre nach dessen Tod. Selbst erlebt hat er es folglich nicht. Nicht einmal einen direkten Augenzeugen wird er für seine Behauptung gesprochen haben. Die Information kommt also aus dritter Hand. Bestenfalls. Andererseits: Komplett unvorstellbar ist die Schilderung nicht. Immerhin muss Roms erster Kaiser irgendwie verarbeiten, dass er gerade zirka 15 000 Soldaten verloren hat, etwa ein Achtel des römischen Heeres: vernichtet, niedergemetzelt, ausgelöscht – irgendwo in der waldigen Düsternis von *Germania magna*, wie das Land hinter den Grenzen genannt wird. Was war passiert?

Im Jahr 6 n.Chr. wird Publius Quinctilius Varus (etwa 46 v.Chr. bis 9 n. Chr.) von Augustus zum Statthalter und Oberbefehlshaber in Germanien ernannt. Varus, zu dem Zeitpunkt schon jenseits der fünfzig, hat eine glänzende Karriere hinter sich: den *cursus honorum* bis zum Konsulat durchlaufen (siehe Caput XVI), war er unter anderem Statthalter in Nordafrika und Syrien. Jetzt also der Norden. Seit einigen Jahren schon überschreiten römische Legionen immer wieder die Rheingrenze in dem Versuch, das Reich bis an die Weser oder zur Elbe auszudehnen. Eine echte und umfassende Unterwerfung der ansässigen Stämme gelingt zwar nicht. Doch die Römer fühlen sich stark genug, um zum Beispiel Steuern einzutreiben. Klar, weder das noch die ständige Militärpräsenz bescheren ihnen viele Freundinnen und Freunde in Germanien. Zumal die sonstigen Errungenschaften der römischen Zivilisation ausbleiben: Keine Straßen werden gebaut, keine Städte. Die gesamte Region bleibt aus römischer Sicht, abgesehen von vereinzelten Heerlagern, unentwickelt.

Als der Herbst des Jahres 9 n. Chr. anbricht, macht sich Varus mit seinem Heer, den *legiones XVII, XVIII* und *XIX*, das bis an die Weser vorgestoßen war, zurück auf den Weg ins Winterquartier, ins Lager Aliso. Die aktuelle Forschung geht davon aus, dass es sich dabei um das heutige Haltern am See handelt, etwa auf halber Strecke zwischen Münster und dem Ruhrgebiet. Aliso liegt mithin rechtsrheinisch und nicht innerhalb der Reichsgrenzen. Doch offenbar gilt es zu dem Zeitpunkt als sicher, die römische Präsenz als gefestigt genug. Varus wird trotzdem nie dort ankommen.

Ein junger Offizier der *auxiliares*, der Hilfstruppen, die die Legionen begleiten, ist der Cherusker Arminius. So jedenfalls sein latinisierter Name. Wie seine Landsleute ihn nennen? Unbekannt. Ebenso unklar ist, wie es diesem Arminius gelingt, Varus davon zu überzeugen, nicht die direkte Route nach Aliso zu wählen, sondern einen Schlenker westwärts zu unternehmen. Um einen kleinen (womöglich aber erfundenen) Aufstand sozusagen noch im Vorübergehen niederzuschlagen? Die Quellen sind dünn, uneindeutig, teils widersprüchlich. Sicher ist nur: Wenig später sehen die Legionen sich nicht dabei, ein Revöltchen zu ersticken – sondern einem gewaltigen Heer verschiedenster germanischer Stämme gegenüber, welches sie unter der Führung von Arminius in einer mehrtägigen, unfassbar blutigen Schlacht komplett aufreiben wird.

Lange Zeit hat man geglaubt, Arminius habe die Legionen in einen Hinterhalt gelockt. Archäologische Funde machen Kalkriese nördlich von Osnabrück zum wahrscheinlichsten Schauplatz des großen Gemetzels. Die Topografie der Landschaft: viel Moor, viel Wald, ein paar Höhenzüge. Dazu kommen Überreste von Erdwällen, die dazu gedient haben könnten, die Römer zu zwingen, ihre Kolonne kilometerweit in die Länge zu ziehen, um sich quasi hindurchquetschen zu müssen – wodurch die Truppen nicht mehr in der Lage sind, im Angriffsfall ihre gelernten Formationen einzunehmen, was sie extrem verwundbar macht. Eine geniale Taktik der Germanen, um die Überlegenheit der Römer in Sachen Ausrüstung und Ausbildung (siehe Caput I) wettzumachen! Allerdings eine Taktik, die es nach allem, was heute bekannt ist, nicht gab: Die Erdwälle? Von den Römern selbst aufgeschüttet als Teil eines Marschlagers, das Varus offenbar auf die Schnelle errichten lässt.

So ein Lager ist zwar gut zu verteidigen. Auf Dauer allerdings nur, wenn die Verteidiger auch ausreichend Ressourcen haben. Wasser und Lebensmittel zum Beispiel. Doch die fehlen den Römern. Also befiehlt Varus vermutlich den Ausbruch – und führt seine Männer damit in die offene Schlacht. Warum die Germanen am Ende siegreich sind, wenn nicht der raffinierte Hinterhalt der Grund dafür ist? Schwer zu sagen. Möglicherweise sind ihre Zahlen erdrückend überlegen. Die Schlacht soll jedenfalls tagelang toben. Am dritten davon erkennt Varus die Ausweglosigkeit der Situation, stürzt sich – auch so kann der *cursus honorum* enden – in sein Schwert und überlässt die Legionen ihrem grausigen Schicksal, dem nur wenige der rund 15 000 Soldaten entgehen. Die Germanen sollen jedenfalls unter den Römern nur so gewütet haben, selbst Varus' Leiche wird noch dekapitiert, der Kopf des Statthalters als Trophäe mitgenommen. Dagegen sind Augustus' Beulen natürlich zu vernachlässigen.

Die Varusschlacht ist die verheerendste Niederlage, die Rom seit der Katastrophe von Cannae mehr als zweihundert Jahre zuvor erlitten hat (siehe Caput I). Lucius Annaeus Florus (etwa 74 bis 130 n. Chr.), ein Zeitgenosse Suetons, bringt die Folgen knapp auf den Punkt: *Hac clade factum, ut imperium, quod in utore Oceani non steterat, in ripa Rheni fluminis staret* – durch diese Niederlage geschah es, dass das Reich, das nicht am Ufer des Ozeans haltgemacht hatte, nun am Ufer des Rheins stand. Oder anders: Die Naturgewalten konnten Rom nicht stoppen. Arminius schon.

Aber stimmt das überhaupt? Augustus selbst lässt zwar in den verbleibenden fünf Jahren seines Lebens weitgehend die Finger von *Germania magna*. Auch die drei verlorenen Legionen werden, ein Novum in der römischen Geschichte, nicht wieder aufgestellt. Doch sein Nachfolger Tiberius, selbst erfahrener Germanienkämpfer, will die Sache nicht auf sich beruhen lassen und schickt eine Expedition, diesmal ganze acht Legionen stark, unter dem Kommando von Nero Claudius (15 v. Chr. bis 19 n. Chr.) nordwärts, später bekannt geworden als Germanicus (und, vielleicht etwas weniger verdienstvoll, Vater Caligulas, Großvater Neros). Germanicus sucht Rache. Seine militärischen Erfolge bleiben aber trotz des Ehrennamens, den man ihm für seine Operationen im wilden Norden verleiht (siehe Caput VIII), überschaubar. Er kann zwar Arminius in einer weiteren Schlacht stellen. Aus der geht aber keiner von beiden als klarer Sieger hervor.

Immerhin: Anders als lange angenommen bedeutet Varus' verheerende Niederlage nicht das Ende der römischen Ambitionen im Rechtsrheinischen. Immer wieder versucht Rom, sich Germanien einzuverleiben oder es wenigstens in Abhängigkeit zu bringen. Heute wissen wir, dass sogar noch mehr als zweihundert Jahre nach Varus und Germanicus große Truppenverbände fernab der eigentlichen Grenzen des Reiches operieren. Das be-

NUMERI PLACENT

DER NÖRDLICHSTE PUNKT?

Die Varusschlacht war weder der erste noch der letzte Vorstoß Roms in den Wilden Norden. Aber wie weit kamen sie dabei eigentlich? Von Kaiser Augustus war schon Jahre vorher das Gebot ausgegangen, die unruhigen Germanen endlich zu befrieden. Sein späterer Nachfolger Tiberius, damals Oberbefehlshaber der germanischen Legionen, führte 5 n. Chr. zum Beispiel ein Heer und dazu noch eine Flotte nordwärts. An der Elbe sollen sie sich getroffen haben, damit wäre die **Rekordmarke 53° 51′ Nord** gesichert, der Punkt, an dem heute Cuxhaven liegt. Da stimmt die moderne Forschung der antiken Geschichtsschreibung noch weitgehend zu. Dass die Schiffe hier bereits auf dem Rückweg von einer Expedition waren, die sie bis in die Ostsee, also rund um Dänemarks Nordspitze geführt haben soll? Kann sein, die Quellenlage dazu ist bestenfalls dünn zu nennen. Archäologische Funde geben hingegen durchaus handfeste Hinweise darauf, dass die Römer tatsächlich versucht haben könnten, die Grenzen des Imperiums von Rhein und Donau bis an die Elbe zu verschieben. Hat bekanntlich nicht geklappt. So oder so: Der Rekord gilt nur für Kontinentaleuropa. Auf den britischen Inseln rücken die Legionen durchaus weiter in den Norden vor. Der Hadrianswall (siehe Caput XVIII), unweit der heutigen Grenze zwischen Schottland und England gelegen, befindet sich mehr als hundert Kilometer weiter nördlich als Cuxhaven.

legen etwa die Funde am niedersächsischen Harzhorn, wo man erst vor wenigen Jahren auf die Spuren einer größeren militärischen Auseinandersetzung gestoßen ist.

Doch so wenig es Rom gelingt, Germanien zu unterwerfen, kann Arminius die Stämme dauerhaft einen. Damit geht im Übrigen auch die Strategie auf, die Tiberius verfolgt, nachdem er Germanicus abberufen hat: Überlasst diese Barbaren einfach sich selbst, sie werden sich schon gegenseitig in Schach halten. So kommt es auch, und das ist vielleicht kein Wunder. Mit dem Ende der unmittelbaren Bedrohung entfällt die Notwendigkeit zusammenzustehen. Denn worauf die Römer da oben trafen, waren eben nie *die* Germanen, kein einiges Volk – sondern eine Vielzahl unterschiedlicher, oft konkurrierender, einander bekriegender Stämme. Neben Arminius und seinen Cheruskern etwa Chatten, Angrivarer oder Marser.

Dass man sie bis heute gern in einen Topf wirft? Dafür dürfen wir uns bei Gaius Julius Cäsar, vor allem aber bei Tacitus bedanken. Letzterer widmet dem vermeintlichen Volk ein ganzes Buch, in dem er die Kultur der Germanen als eine Art Gegenentwurf seiner eigenen beschreibt: naturbelassen, einfach und ehrlich. Moralisch integer: »Dort haben gute Sitten mehr Gewicht«, schreibt Tacitus, »als anderswo gute Gesetze.« *Besonders* edle Wilde sozusagen, erst recht gegenüber einem römischen Volk, das durch seine maßlosen Erfolge satt und bequem geworden sei. In dasselbe Horn stoßen auch andere römische Autoren. Ammianus Marcellinus (etwas 330 bis 395 n. Chr.): *simplices et minime dolosi* – »einfach sind sie«, weiß der Mann, »und keineswegs arglistig.«

Aber auch eine solche Stereotypisierung kann zu Kopfe steigen. Den Zeitgenossen zwar noch nicht – aber Jahrhunderte später ihren »Nachfahren« im aufkeimenden deutschen Nationalismus des späten 18. und vor allem 19. Jahrhunderts. Auf der Suche nach einem Kristallisationspunkt, einer identitätsstiftenden Erzählung für die Deutschen, wird Arminius aus der Vergessenheit geholt, in der er längst verschwunden war: Die Niederlage ist zwar traumatisch, der Name, der für die Römer damit unauslöschlich verbunden ist, ist jedoch der ihres gescheiterten Feldherrn. Nicht der seines Besiegers. Aus der Varus- wird erst in der Neuzeit die Hermannschlacht, wie Arminius nun in »germanisierter« Form genannt wird. Die Schlacht gilt nun als historisches Vorbild, sie lässt sich übertragen, denn anstelle der Römer hat man es inzwischen mit den Franzosen zu tun (die unter ihrem Kaiser Napoleon Bonaparte schließlich ähnliche Großmachtfan-

SEMPER VERBA RECTA

VON WEGEN EDLE WILDE

Man soll Zitate nicht aus ihrem Zusammenhang reißen. Einerseits. Andererseits wären wir um eine Menge geflügelter Worte ärmer, dürften wir sie immer nur in der haargenau gleichen Situation anwenden wie im Original: Man weiß heute nicht einmal sicher, wo eigentlich dieser Rubikon sein soll, an dem Cäsar die gefallenen Würfel weltberühmt machte (siehe Caput VII). Bei anderen Aussprüchen ist wiederum mindestens fraglich, ob sie tatsächlich jemals so gesagt wurden. Lucius Annaeus Florus (etwa 74 bis 130 n. Chr.) weiß in seiner Schilderung des römischen Desasters – gut hundert Jahre zuvor! – recht detailliert vom schockierenden Umgang der Sieger mit den Besiegten zu berichten. An die »edlen Wilden«, als die Tacitus in seiner *Germania* die rechtsrheinischen Bewohner zu vermarkten versucht, erinnert da wenig. Grauenhaft, wie die da einem den Mund zunähen, um es dann mit einem gehässigen **TANDEM VIPERA SIBILARE DESISTI** zu kommentieren: »Du Viper, endlich hast du aufgehört zu zischen.«

tasien verfolgen und dabei auch die deutschen Lande überrennen). Mit derselben Dichotomie: Links des Rheins = verkünstelt und überzivilisiert – rechtsrheinisch = aufrecht, einfach und ehrlich. Französische Liederlichkeit versus deutsche Tugenden. Die Erbfeindschaft, sie wird zweitausend Jahre in die Vergangenheit

BONUM SCIRE

WARUM WIR SO GERN BÄUME UMARMEN

Die Deutschen und ihr Wald, das ist eine spezielle Beziehung. In kaum einem anderen Land sind Bäume derart mythisch aufgeladen bis überhöht. Die deutsche Eiche als Sinnbild für Standhaftigkeit, sie findet sich zum Beispiel schon 1769 im Bühnenstück *Hermanns Schlacht* von Friedrich Gottlieb Klopstock, worin der Dichter von Germanen fabuliert, die »wie die Eiche eingewurzelt« dem Angriff der Römer trotzten. Na ja. Aber man kann Klopstock keinen Vorwurf machen. Das spezielle Verhältnis zum Wald? **DAS HAT UNS EIGENTLICH TACITUS EINGEBROCKT.** Der beschreibt in seiner *Germania* lang und breit das endlose Meer aus schier undurchdringlichem Grün, von dem das Land gleichsam lückenlos bedeckt ist – auch wenn Tacitus nie auch nur einen Fuß auf den Boden außerhalb der Grenzen des Imperiums gesetzt hat und derlei also bestenfalls vom Hörensagen weiß. Diese unbändige Natur würde die Menschen dort aber nicht stören: Statt kommod in Städten mit all ihren Annehmlichkeiten, vom Amphitheater bis zu Trinkwasser satt aus dem Aquädukt (siehe Caput III und Caput V), leben die Menschen dort inmitten dieser, mit diesen und von diesen Wäldern. Naturnah, nachhaltig, einfach, aber ehrlich. Was Tacitus hauptsächlich aufschreibt, um den eigenen Landsleuten ihre Dekadenz und Bequemlichkeit vor Augen zu führen, wird – wenngleich erst Jahrhunderte später, siehe Klopstock – umgedreht: Als Distinktionsmerkmal, um sich etwa von Franzosen oder Italienern (vor allem aber Franzosen), die als Erben Roms gelten, abgrenzen zu können.

konstruiert. Dass man sich drüben in Frankreich übrigens ganz ähnlich auf sein gallisches, also keltisches und damit vorrömisches Erbe beruft? Geschenkt!

Den vielleicht sichtbarsten Ausdruck erhält dieses Narrativ mit der Errichtung des Hermannsdenkmals am Südrand des Teutoburger Waldes (wo man den Schauplatz der Schlacht jahrhundertelang fälschlich vermutete). Samt Unterbau aus Sandstein misst die Darstellung des Cheruskerfürsten mehr als fünfzig Meter, das Schwert herausfordernd in den Himmel gereckt, den Blick warnend Richtung Westen, Richtung Frankreich gerichtet.

Glücklicherweise vollzieht sich die Einigung Europas seit einigen Jahrzehnten entschieden friedlicher und kooperativer als durch Roms Legionen oder Napoleons Grande Armée (siehe Caput VI). Der Koloss am Waldrand mit seiner martialischen Drohgebärde, er hat lange ausgedient. Und Tacitus? Gern noch lesen. Aber dabei nicht vergessen: Der Mann hat den Rhein nie überquert. Was immer er »den Germanen« zuschreibt, es ist Hörensagen. Zweitausend Jahre altes Hörensagen!

CAPUT XI

SCHALTEN UND WALTEN

WIE CÄSAR EINEN (FAST) EWIGEN KALENDER ERFAND

Der frühe Vogel fängt vielleicht den Wurm. Die Geschichte entscheidet er nicht unbedingt für sich. Aber von vorn: Nachdem die beiden Prinzen Romulus und Remus ihrem Großvater auf den Thron zurückverholfen haben, den ihm sein machthungriger Bruder zwischenzeitlich entrissen hatte, belohnt er die beiden mit der Erlaubnis, an den Ufern des Tiber eine neue Stadt zu gründen. Vor der Entscheidung aber, welcher der Brüder ihr Herrscher werden soll, drückt sich der Großvater, das soll lieber durch die Auspizien – die bewährte Zukunftsdeutung aus dem Vogelflug – bestimmt werden.

Gesagt, getan. Romulus und Remus nehmen auf zwei unterschiedlichen Hügeln Aufstellung, fixieren den Himmel, und dann, tatsächlich, passiert es: Remus entdeckt sechs Adler (andere »Quellen« sprechen von Geiern). Die frühen Vögel, ein gutes Omen. Kurz darauf erscheinen Romulus zwölf der großen Greifvögel. Ein noch besseres Omen? Am Ende entscheidet Letzterer die Sache für sich, da er nicht nur auf mehr Vogelsichtungen verweisen kann. Sondern vor allem, Auspizien hin oder her, auf mehr Gefolgsleute, die ihn unterstützen.

Umgehend beginnt Romulus mit dem Bau seiner neuen Stadt, hebt einen Graben aus, errichtet eine Mauer. Remus, vielleicht zu Recht schlechter Verlierer, weiß seinem Frust nicht anders Luft zu machen, als lässig über die natürlich noch sehr niedrige Mauer zu springen und sich auf diese Weise über die Ambitionen seines Bruders lustig zu machen. Lustig? Romulus versteht da leider keinen Spaß – und erschlägt Remus kurzerhand. Wutentbrannt lässt er wissen: *Sic deinde, quicumque alius transiliet moenia mea!* – so möge es jedem ergehen, der über meine Mauern springt. Klingt nach unterentwickelter Impulskontrolle, kann aber zumindest ein Stück weit entschuldigt werden mit a) einer wirklich schwierigen Kindheit (die Brüder wurden als Säuglinge ausgesetzt und von einer Wölfin großgezogen, das geht an niemandem spurlos vorbei) und b) dem Umstand, dass Remus hätte wissen müssen, was er da tut: Der Verlauf der Mauer folgte der heiligen Furche, dem *pomerium*, die Romulus zuvor gezogen hatte und die schon für die Etrusker als symbolische Grenzmarke ihrer Städte extrem aufgeladen ist.

Gleichwie, das Ereignis, so sagenumwoben es sein mag, gilt als das Gründungsdatum Roms. Für Römerinnen und Römer wird die Geschichte ab diesem Zeitpunkt gemessen, werden die Jahre gezählt: *Ab urbe condita*, seit Gründung der Stadt, kurz *AUC*. Heute datieren wir diesen Moment auf das Jahr 753 v. Chr. zurück, genauer noch: auf den 21. April. Auch wenn sich das alles nie so zugetragen haben dürfte, dieses Datum ist wichtig. Schließlich gelingt es nur durch dieses, Datierungen, die von den Römern vorgenommen wurden, in unsere Zeitrechnung einzuordnen. Dabei stellt sich allerdings ein zusätzliches Problem: Unsere heutigen Jahre haben mit den römischen wenig zu tun, jedenfalls nicht mit jenen in republikanischer Zeit.

Und damit zum eigentlichen Thema dieses Kapitels. Lange Jahrhunderte bestehen die Jahre im römischen Kalender, den übrigens Romulus höchstpersönlich festgelegt haben soll, aus zehn Monaten. Wobei ein Monat das ist, was schon in seinem Namen steckt: ein Mondumlauf, also im Durchschnitt 29,53 Tage. Ein Kalenderjahr wird zwar später auf zwölf Monate erweitert – ist aber selbst dann noch alles in allem mehr als zehn Tage kürzer als ein tatsächliches Jahr, also der Lauf der Erde einmal um die Sonne. Diese Diskrepanz fällt durchaus auf, weshalb man sich spätestens seit dem 5. Jahrhundert v. Chr. mit dem *Mercedonius* behilft, einer Art Zusatzmonat, der eingefügt wird, um den Kalender einigermaßen mit den tatsächlichen astronomischen Vorgängen in Einklang zu bringen. Wann genau dieser *mensis intercalaris*, dieser Schaltmonat, eingefügt wird? Wie lange er jeweils ist? Darüber entscheidet ein kleiner Zirkel von Priestern, was auf die breite Öffentlichkeit einigermaßen willkürlich gewirkt haben dürfte – zumal an dessen Festlegungen auch nicht ganz unwesentliche Dinge wie die Terminierung von Markt- oder Gerichtstagen hängen. Erst im Jahr 304 v. Chr. wird das Ganze transparenter, wahrscheinlich auf eine Verfügung von Appius Claudius Caecus hin, derselbe Mann, dem Rom auch seine erste Wasserleitung und seine erste Fernstraße, die *Aqua Appia* und die *Via Appia*, verdankt (siehe Caput V): Ab jetzt wird die Liste der *fasti*, der Gerichtstage, öffentlich auf dem Forum Romanum ausgehängt, immerhin.

Das Kalenderkonstrukt, es bleibt indes hakelig. Monate werden eingefügt, im Jahr 153 v. Chr. wird dann auch noch kurzerhand der Jahresanfang verlegt. Warum? Traditionell treten neu gewahlte Konsuln ihr Amt Mitte März an (siehe Caput XVI), also im ersten Monat eines jeden Jahres. Doch auf der Iberischen Halbinsel sind im Vorjahr Aufstände losgebrochen, die es nicht zulassen, bis zur Inauguration der nächsten Konsuln zu warten. Also werden die beiden zwei Monate früher ins Amt eingeführt. Einer von ihnen eilt mit seinen Truppen westwärts und wird vernichtend geschlagen, der Konflikt wird sich über zwanzig Jahre ziehen und als Spanischer Krieg in die Geschichte Roms eingehen. Weltgeschichtlich interessanter und relevanter ist an dieser Stelle allerdings, dass der Amtseinführungstermin beibehalten wird und der Jahresanfang dauerhaft zwei Monate nach vorn rutscht – heute noch einwandfrei an der Benennung der vier letzten Monate unseres Jahres zu erkennen: September bis Dezember sind, *septimus* bis *decimus*, dem Namen nach der siebte bis zehnte Monat, faktisch aber der neunte bis zwölfte. Die Nomenklatur hat in den 2200 Jahren seit dem Notfalleinsatz in Spanien niemand angepasst.

Alles in allem läuft es mit dem römischen Kalender nicht sehr rund. Die Mondmonate und das Sonnenjahr? Sie passen einfach nicht zusammen. Weil der *Mercedonius* oftmals eher willkürlich eingefügt wird, klaffen Anspruch und Wirklichkeit immer weiter auseinander. Gut hundert Jahre nach der Verlegung des Jahresanfangs passen auch die Jahreszeiten nicht mehr: Die Frühlingsmonate fallen in den Winter, die des Sommers ins Frühjahr und so weiter.

Auftritt: Gaius Julius Cäsar. Mal wieder (siehe Caput VII und Caput VIII). Auf seinem Weg zur Alleinherrschaft übernimmt Cäsar unter anderem das Amt des *Pontifex maximus*, des obersten Priesters, und hat es bis zu seinem Tod für fast zwanzig Jahre inne. Aber die nutzt er. Wir erinnern uns: Die Kalenderhoheit obliegt den Priestern. Cäsar ist nun als deren oberster nicht nur in der Position, an ebendiesen Problemen zu arbeiten. Er ist auch in der Position, der Priesterkaste diese Hoheit auf Dauer zu entreißen. Beides will er, beides macht er.

Weil Cäsar selbst kein Experte der Materie ist, beauftragt er eine Kommission, zu der unter anderem der griechische Astronom Sosigenes gehört, der aus Alexandria stammt und daher vermutlich gut vertraut ist mit dem Sonnenkalender der Ägypter, der sehr gut funktioniert und auch für Cäsar zum Vorbild wird: zwölf Monate, mal 30, mal 31 Tage lang und anstelle des *Mercedonius* nur noch ein einziger Schalttag alle vier Jahre, der 29. Februar – so orientiert man sich zwar nur noch grob am Mondumlauf, dafür ziemlich präzise an der Zeit, die die Erde braucht, um einmal die Sonne zu umrunden.

Damit sozusagen ein sauberer Start hingelegt werden kann, müssen allerdings die rund drei Monate, die der Kalender mittlerweile an Fehlzeiten angehäuft hat, erst einmal ausgeglichen werden. Und so erleben die Menschen im Römischen Reich das bis heute längste Jahr der Geschichte. Das sogenannte *annus confusionis*, das verworrene Jahr, beginnt am 14. Oktober 47 v. Chr. und endet am 1. Januar 45 v. Chr.

Ab da aber läuft es ausgesprochen gut. Also weniger für Julius Cäsar, der wird im März 44 v. Chr. ermordet. Aber mit seinem Kalender. Tatsächlich gilt der in Europa für die nächsten mehr als 1600 Jahre unverändert. Mit den Mitteln der Zeit konnte nämlich niemand nachweisen, dass auch Cäsars, oder wie er inzwischen heißt: der julianische Kalender eine leichte Ungenauigkeit hat. Er ist ungefähr elf Minuten länger, als das Sonnenjahr tatsächlich dauert. Elf Minuten pro Jahr, das ist ziemlich wenig. Über die Jahrhunderte kommt aber doch einiges zusammen – weshalb Papst Gregor XIII. im Jahr 1582 den Wechsel vom julianischen zum gregorianischen Kalender dekretiert, mit der Folge, dass a) die Menschen am 4. Oktober ins Bett gingen und am 15. Oktober wieder aufwachten, um die bis hierher aufgelaufene Abwei-

NUMERI PLACENT

WANN ES ERSTMALS SCHALTETE

Ein Novum des julianischen Kalenders war die Einführung des Schaltjahres: Um die Abweichung vom tatsächlichen Lauf der Erde um die Sonne mit seinen knapp 365,25 Tagen zu korrigieren, hat man quasi die Nachkommastellen angesammelt und alle vier Jahre in Form eines zusätzlichen Tages ausgeglichen. Der erste echte dieser Schalttage war der **29. FEBRUAR** 44 v. Chr. – zwei Wochen vor Cäsars Ermordung. Der erste echte? Einen 29. Februar gab es auch schon im Jahr zuvor, aber der zählt nicht. Das war im berüchtigten *annus confusionis* mit seinen insgesamt 445 Tagen. Da gab es nicht nur ein paar Schalttage, da gab es zusätzlich drei Schaltmonate!

chung zu korrigieren, und b) manche Schaltjahre künftig ausfallen, um Cäsars Überlänge auszugleichen.

Gregors auf Cäsars Vorlage beruhendes System benutzen wir noch heute – mittlerweile sogar weltweit, auch wenn es nach wie vor eigene Zählweisen wie den islamischen oder den jüdischen Kalender gibt. Der Siegeszug hat allerdings Zeit gebraucht: 1582? Das ist mitten im Zeitalter der religiösen Konflikte. Die Reformation ist noch nicht lange her, die Spaltung der Kirche nicht wirklich akzeptiert. In protestantischen Gegenden, aber auch im orthodoxen Christentum, stößt Gregors Reform daher schon aus Prinzip auf Ablehnung. In der Ostkirche hält sich der Widerstand teils sogar noch bis ins 20. Jahrhundert. Griechen-

SEMPER VERBA RECTA

DAS PRINZIP ANGST

Die Unsterblichkeit in Form eines eigenen – oder wenigstens eigens initiierten – Monatsnamens hat Gaius Caesar Augustus Germanicus nicht erlangt. Es mochte sich so schon niemand an den Mann erinnern. Nein, es *durfte* sich niemand erinnern: Augustus' Urenkel und gerade mal der dritte Kaiser Roms, wurde *postum* per *damnatio memoriae* weitgehend aus der kollektiven Erinnerung gestrichen (siehe Caput IX) und stattdessen als Stiefelchen, als *caligula*, lächerlich gemacht (siehe Caput VIII). Aber wie gesagt: Erst *postum*. Solange Caligula, unter welchem Namen er uns heute besser bekannt ist, lebte, hätte niemand daran gutgetan, sich allzu laut über den Herrscher lustig zu machen, der für seinen autokratischen und brutalen Herrschaftsstil berüchtigt war. Schon sein Lebensmotto, wiewohl aus einem Stück des Tragödiendichters Lucius Accius (etwa 170 bis 90 v. Chr.) geklaut, ist da ziemlich unmissverständlich: **ODERINT DUM METUANT** – sollen sie mich hassen, solange sie mich fürchten. Leider ein Motto, das seit Caligula immer wieder zum Herrschaftsprinzip erkoren wird.

land ist die letzte Bastion, die den julianischen Kalender 1923 aufgibt.

Doch auch Cäsar stößt auf Widerstand, vor allem aus den Reihen der Priesterschaft, denen er ihr Privileg, ihr Herrschaftswissen entreißt, indem er nicht nur eigenmächtig den Kalender reformiert, sondern ihn darüber hinaus auch noch für jeden Mann und jede Frau logisch nachvollziehbar macht.

Dennoch, mehr als manche Eroberung hat ihn dieses Werk unsterblich gemacht – und er wird sogar postum im Kalenderjahr verewigt: Schon im Jahr von Cäsars Ermordung setzt Marcus Antonius sich dafür ein, Cäsars Geburtsmonat *Quintilis* in *Julius* umzutaufen. Und so heißt er bis heute.

Wie übrigens alle unsere Monatsnamen aus römischer Zeit herrühren: Der Januar ist nach dem doppelgesichtigen Gott Janus benannt, der Februar nach dem römischen Opferritual *februa*, das stets in dieser Zeit stattfand. Der März ist Kriegsgott Mars gewidmet, der April beschreibt möglicherweise die Jahreszeit, in der sich allerorten die Blüten öffnen, auf Latein: *aprire*. Mai und Juni erinnern an die Göttinnen Maia und Juno. Der August, ehemals *Sextilis*, wird Cäsars Nachfolger Octavian, dem späteren Augustus gewidmet – womit die beiden die einzigen Menschen sind, denen diese Verewigung zuteilwird. Weitere Versuche dieser Art gibt es zwar, sie sind jedoch nie von Dauer.

Cäsars Reform, das *annus confusionis*, hat es späteren Generationen nicht unbedingt erleichtert, die Ereignisse der römischen Geschichte genau zu datieren. *AUC* schön und gut. Aber damit rechnet heute niemand mehr. Tatsächlich wird die Zählung ab der sagenhaften Stadtgründung *cum* Brudermord trotzdem weit bis ins Mittelalter verwendet. Da ist Rom, zumindest sein westlicher Teil, längst untergegangen. Doch die Frage nach einer neuen Art der Zeitrechnung stellt sich den meisten Menschen kaum. Schon in antiker Zeit ist das eher etwas für den akademischen

Diskurs. Für den Alltag spielt es keine Rolle, leben die Leute doch viel mehr im Hier und Jetzt. Erinnerungskultur? Geschichtsbewusstsein? Eher in einem abstrakten, einem sublimierten Aggregatszustand – ohne konkrete Jahreszahlen.

Daran ändert sich auch in den nachfolgenden Jahrhunderten wenig. Und so ist es vielleicht wenig überraschend, dass selbst die kleine Revolution, die ein in Rom lebender Mönch von der Schwarzmeerküste Anfang des 6. Jahrhunderts ausruft, weitgehend ungehört verhallt. Dabei will Dionysius Exiguus (470 bis 540 n. Chr.) nicht weniger vollbracht haben, als das genaue Ge-

BONUM SCIRE

SO WIRD MAN (MIT GLÜCK) UNSTERBLICH

Gaius Julius Cäsar und sein Nachfolger Gaius Octavius (63 v. Chr. bis 14 n. Chr.) aka Augustus zählen mutmaßlich zu den bekanntesten aller Römer – sicherlich nicht zuletzt deshalb, weil beide auch exzellente Selbstvermarkter waren. Dabei ist es den meisten Menschen vielleicht nicht einmal bewusst, dass sie – selbst wenn ihnen die Antike am *anus* vorbeigeht – die Namen der beiden Machtmenschen regelmäßig gebrauchen: in Form der Monatsnamen Juli und August. Geniale Idee, dachten sich auch manche ihrer Nachfolger: Caligula (12 bis 41 n. Chr.) dekretierte, den September **GERMANICUS** zu nennen – in Andenken an seinen Vater, der diverse Feldzüge in den rauen Norden unternommen und sich dabei auch diverse Schlagabtäusche mit dem sagenhaften Varusbesieger Arminius lieferte (siehe Caput X). Diese Umfirmierung blieb aber letztlich ebenso erfolglos wie der Versuch, seines Neffen Nero, aus dem April einen **NERONIUS** zu machen oder Domitians Wunsch, den Oktober **DOMITIANUS** zu taufen: Mit dem jeweils vielleicht nicht zufällig gewaltsamen Tod der beiden Herrscher wurde die Nomenklatur wieder rückgängig gemacht.

burtsdatum von Jesus Christus zu errechnen, einen 25. Dezember. Vor allem aber auch das genaue Jahr dazu. Das Jahr nämlich, in dem vom Kaiser Augustus ein Gebot ausging, wie es auch das Lukasevangelium weiß. Exiguus schlägt vor, Christi Geburt fortan zum Dreh- und Angelpunkt der Jahreszählung zu machen. Da zu dieser Zeit in der christlichen Welt die Zahl null jedoch unbekannt ist (siehe Caput II), beginnt die Zählung für Exiguus im Jahr 1 n. Chr. – dem das Jahr 1 v. Chr. vorausgeht.

Doch die Idee hat es zunächst schwer und wird außerhalb von Klerikerkreisen kaum gewürdigt. Das ändert sich irgendwann, denn wie man in Rom parallel oder alternativ zum *AUC* immer die Amtszeiten von Konsuln, später die Regierungsjahre der Kaiser als Referenz genommen hat, wird das auch im europäischen Mittelalter gehandhabt. Kleiner, aber nicht unwesentlicher Unterschied: In einem Weltreich von römischen Ausmaßen ist das eine ziemlich universelle Ansage. In der Kleinstaaterei des europäischen Mittelalters macht es den grenzüberschreitenden Austausch von Datierungen wahnsinnig kompliziert, wenn jedes Königreich, jedes Fürstentum, jede Grafschaft eine eigene Zählweise hat. Und so setzt sich sukzessive schließlich doch die Datierung ab Christi Geburt durch. Jedenfalls ab dem 11. Jahrhundert, also gut 500 Jahre nach Exiguus. Sie ist heute zwar weltweit anerkannt, aber durchaus in der Kritik: Warum soll man sich in Indien oder China an Christi Geburt orientieren? Entsprechend existieren neben dem gängigen v. Chr. und n. Chr. oder ihrem englischsprachigen Pendant BC (*before Christ*) und AD (*anno domini*) religionsneutralere Bezeichnungen wie v. u. Z. (vor unserer Zeit) beziehungsweise n. u. Z. (nach unserer Zeit), respektive BCE und CE (*before common era* und *common era*).

Die Frage nach der richtigen Benennung – wir haben sie uns natürlich auch bei der Arbeit an diesem Buch gestellt, in dem es vor Jahreszahlen schließlich nur so wimmelt. Ergebnis: die Entscheidung für die Verwendung der klassischen Bezeichnung »vor und nach Christus«. Denn ob man den Mann nun namentlich dabei erwähnt oder es anderweitig umschreibt, die Zählweise selbst beruht nun mal auf seinen Lebensdaten. Daran ändert sich nichts, auch nicht im 28. Jahrhundert *AUC*.

CAPUT XII

SIND WIR NICHT ALLE EIN BISSCHEN SPARTACUS?

WARUM ROM OHNE SKLAVEN NIE WELTMACHT GEWORDEN WÄRE

Ich bringe euch eine Botschaft eures Herrn, Marcus Licinius Crassus, des ersten Konsuls von Rom. Der siegreiche Feldherr hat beschlossen, dass euer Leben geschont werden soll.« Unter den Überlebenden des besiegten Sklavenheeres, die verdreckt und ermattet von der Schlacht zusammengepfercht ihres Schicksals harren, hebt ein Gemurmel an. Da fährt der römische Offizier fort: »Sklaven wart ihr, und Sklaven werdet ihr bleiben. Aber die furchtbare Strafe der Kreuzigung wird euch erspart bleiben.« Dramatische Pause. »Unter der Bedingung, dass ihr eurem Besieger den Leichnam oder die lebende Person des Sklaven Spartacus ausliefert.« Wieder Murmeln unter den Besiegten, diesmal länger, diesmal lauter.

Close-up auf ihren Anführer. Als Spartacus gerade aufstehen will, um sich zu melden, springt der Mann zu seiner Rechten auf, Antoninus, sein Freund und Vertrauter »Ich bin Spartacus!«, ruft er. Der Mann zur Linken folgt, und schließlich stehen sie alle, rufen: »Ich bin Spartacus! Ich bin Spartacus!« Nur einer bleibt sitzen: Tief gerührt von diesem multiplen Identitätsschwindel, rinnt Spartacus eine Träne über die verschwitzte, verstaubte Wange.

Dafür erhielt sein Darsteller Kirk Douglas zwar keinen Oscar. Insgesamt sahnte »Spartacus« bei den Verleihungen 1961 aber satte vier Auszeichnungen ab. Die Verfilmung des größten Sklavenaufstandes, den Rom in seiner Geschichte je erlebt, ist zwar nur einer von zahlreichen Monumental- und Sandalenfilmen, die in den Nachkriegsjahrzehnten entstanden. Doch keiner hat auch nur eine ähnlich ikonische, oft zitierte oder auch persiflierte Szene hinterlassen: Die letzte Chance, seiner Kreuzigung zu entkommen, verbaselt Monty Pythons Brian. Andere nutzen sie: »Ich bin Brian. Meine Frau ist auch Brian.«

Spartacus hat es, anders als Brian, tatsächlich gegeben. Ebenso den Aufstand, der von 73 bis 71 v. Chr. dauert und in der Geschichtsschreibung auch unter »Dritter Sklavenkrieg« firmiert.

BONUM SCIRE

DAUMEN RAUF? DAUMEN RUNTER!

Dass das Schicksal eines Gladiators, wenn er sein Ende denn nicht nach gescheitertem Aufstand am Kreuz fand, von der Laune des Publikums in der Arena abhing, ist ein Mythos. Zumindest ein halber. Die Entscheidung über Leben und Tod, falls sie am Ende eines Kampfes überhaupt noch zu treffen war, oblag in aller Regel dem Veranstalter der jeweiligen Spiele (siehe Caput III). Allerdings bürgerte es sich ab der Kaiserzeit ein, dass der Wille der Zuschauenden dabei berücksichtigt wurde, ja, Teil der Inszenierung, des Spektakels war: Wer möchte nicht per Akklamation über Leben und Tod entscheiden? Feiglinge abstrafen, Helden feiern? Ob die Willensbekundung jedoch per Daumenzeichen erfolgte, ist mindestens unklar. Gerade mal zwei antike Textstellen sind dazu bekannt: Eine findet sich im Werk von Juvenal, der uns auch das geflügelte Wort vom *panem* und den *circenses* hinterlassen hat, eine, rund 250 Jahre später zu datieren, in dem von Prudenz. Beide halten sich jedoch bedeckt bei der Frage, was nun genau mit den Daumen zu tun sei – mit der Folge, dass in Fachkreisen die Diskussion bis heute anhält. In der Popkultur hingegen ist die Frage seit 1872 eigentlich geklärt: Auf dem Bild des französischen Historienmalers Jean-Léon Gérôme ist zu sehen, wie Priesterinnen ihre Daumen senken und damit den Tod des besiegten Gladiators besiegeln. Die Geste wurde seither widerspruchslos in Literatur und Film übernommen.

Über die Vorgeschichte ist wenig konkret gesichert. Spartacus selbst stammt wahrscheinlich aus Thrakien, einer Region, die in etwa vom Norden Griechenlands über den europäischen Teil der Türkei bis nach Bulgarien reicht. Vermutlich ist er Soldat, gerät in Gefangenschaft, wird versklavt – und landet schließlich in der Gladiatorenschule von Capua. Denn Gladiatoren? Sind nichts anderes als Sklaven, wenn auch in einem, nun ja, speziellen Betätigungsfeld (siehe Caput III).

Was genau den Aufstand auslöst? Unklar! Fest steht, dass Spartacus zusammen mit einigen Getreuen der Ausbruch aus der Schule gelingt. Ihr ursprüngliches Ziel ist es womöglich, in ihre jeweilige Heimat zurückzukehren. Doch der Weg vom süditalienischen Capua ist weit, sehr weit. Unterwegs schließen sich immer mehr entflohene Sklaven, aber auch Menschen aus der besitzlosen Landbevölkerung dem Zug an. Der wächst auf mehrere Zehntausend an, und damit ändert sich die Zielsetzung: Es ist keine kleine Bande mehr, es ist ein regelrechtes Heer. Man versucht auch nicht mehr, sich irgendwie nordwärts durchzuschlagen. Man will die Ungerechtigkeit des römischen Gesellschaftssystems bekämpfen, das maßgeblich auf der Sklaverei fußt. Gezielt fallen Spartacus' Truppen über die Villen und Landgüter der oftmals grotesk reichen Oberschicht her.

Aber das war noch selten in der Geschichte eine gute Idee. Grotesk reich ist die Oberschicht, aber auch enorm mächtig. Mehrmals entsendet Rom Heere, um den Aufstand niederzuschlagen. Mehrmals werden diese besiegt. Zwar ahnt Spartacus, dass er auf lange Sicht keine Chance hat. Aber seine Leute scheinen von den Erfolgen wie berauscht und überzeugen ihren Anführer davon weiterzumachen. Doch Rom erkennt die Gefahr. Unter dem Kommando von Marcus Licinius Crassus (115 bis 53 v. Chr.) werden acht Legionen zusammengezogen. Mal wieder eine gewaltige Streitmacht (siehe Caput I), die Spartacus und seine Männer

Stück für Stück, Schlacht für Schlacht weiter nach Süden drängt, bis das Sklavenheer sozusagen mit dem Rücken zur Wand steht: an der äußersten Fußspitze Italiens. Zwar gelingt es ihm noch einmal, die Einkesselung durch die Legionen zu durchbrechen. Aber wenig später stellt Crassus die Sklaven. Die Schlacht am Silarus endet vernichtend. Bis zu 10 000 Sklaven sind tot, ein-

SEMPER VERBA RECTA

WER BESIEGT HIER WEN?

Der gesenkte Daumen, mit dem – angeblich, siehe die Asterix-Comics oder Ridley Scotts »Gladiator«-Filme – das blutberauschte Publikum den Tod eines unterlegenen Gladiators besiegelte, wurde gern mit einem lapidaren *vae victis* kommentiert: Wehe den Besiegten! Ist aber genauso eine Legende wie der schicksalhafte Fingerzeig selbst. **VAE VICTIS**, das ist tatsächlich ein geflügeltes Wort im alten Rom. Aber aus ganz anderem Kontext. Es geht zurück auf die Eroberung und nachfolgende Plünderung Roms im Jahr 387 v. Chr. – also zu den Anfängen der Republik, als Rom kaum mehr als eine Regionalmacht, aber noch längst kein Weltreich war. Der gallische Heerführer Brennus soll erst dann bereit gewesen sein, seine Truppen wieder abzuziehen, als die Römer ihm tausend Pfund Gold als Lösegeld zusagten. Bei der Übergabe beklagten sie sich jedoch und warfen den Galliern vor, die Gewichte manipuliert zu haben – was Brennus dazu veranlasste, sein Schwert zusätzlich in die Waagschale zu werfen, die Lösegeldsumme damit noch weiter zu erhöhen und den berühmten Satz zu sprechen. Auch wenn er ihn möglicherweise eher in seinem Heimatidiom von sich gegeben hat, bei den Römern brennen sich Brennus' Worte ein. Der Sage nach ist es diese traumatische Erfahrung, die sie dazu bringt, fortan auf ein stehendes Heer zu setzen. Sicher ist jedenfalls: Erst gut achthundert Jahre später gelingt es den Goten, den gallischen Erfolg zu kopieren und Rom zu erobern.

schließlich Spartacus, dessen Leichnam nie gefunden wird. Von wegen: »Ich bin Spartacus!«

Allerdings weicht das Filmende nicht komplett von der Realität ab: Crassus lässt Tausende der Besiegten kreuzigen. Ein brutales Statement, das den Status quo nicht nur wiederherstellt, sondern langfristig zu sichern helfen soll: Seht her, schreit es von 5000 Kreuzen entlang der *Via Appia* (siehe Caput V), so ergeht es dem, der Rom zu lautstark kritisiert.

Alle anderen dürfen beruhigt zum Tagesgeschäft zurückkehren. Und dieses ist auf die Sklaverei angewiesen. Sklaven findet man in praktisch allen Lebensbereichen: In der Landwirtschaft sind sie es, die die großen Latifundien, die Güter der Oberschicht, im wahrsten Wortsinne beackern – und allein damit Systemrelevanz erlangen. Ohne die Feldarbeit der Sklaven – etwa als *arator* (Pflüger), *pastor* (Hirte) oder *olitor* (Gärtner) – würde der Elite die wirtschaftliche Grundlage entzogen, könnten sie nicht mehr ohne Weiteres den Karriereweg auf dem *cursus honorum* einschlagen (siehe Caput XVI), das Leben hauptamtlich einer Karriere in Politik und Verwaltung widmen, rhetorisch fein geschliffene Reden im Senat oder auf dem Forum schwingen. Vor allem aber wäre es nachgerade unmöglich, die Hunderttausende von hungrigen Mündern in Rom selbst und den zirka zweitausend übrigen Städten des Reiches satt zu bekommen. Sklaven schuften auch als *metallarii* in Bergwerken, als *caementarii* beim Bau von Häusern und Straßen, Aquädukten und sonstigen Infrastruktur-Projekten (siehe Caput V). Mit anderen Worten: überall dort, wo die Arbeit hart und mitunter gefährlich ist, sodass kein freier Bürger sie ohne Zwang gemacht hätte (nur die berühmten Galeerensklaven, die, angekettet an die Bänke, die Schiffe der römischen Kriegsmarine, der *classis*, in die Schlacht rudern, gibt es in dieser Form nicht. Das ist ein Mythos, in aller Regel sitzen dort freie Menschen).

Doch auch – oder sogar: gerade – in den Städten gehören Sklavinnen und Sklaven ins Straßenbild. Sie verdingen sich hier als *cocus* (Koch) oder als *ornatrix*, die der Dame des Hauses beim Schminken und Frisieren zur Hand geht, als *pedisequus*, der seinen Herren wie ein Leibwächter auf der Straße begleitet, oder als *cubicularius* (Kammerdiener). Manche arbeiten sogar, den entsprechenden Bildungsgrad vorausgesetzt, als Buchhalter, Verwalter oder Arzt. Die höchstangesehenen Lehrer Roms, die *rhetores*, die heranwachsende Patrizier im Debattieren, Deklamieren und Argumentieren schulen (siehe Caput IV), sind ebenfalls meist Sklaven.

NVMERI PLACENT

JEDER ZWEITE EIN SKLAVE

Dass Sklavinnen und Sklaven für die römische Gesellschaft und vor allem für die Wirtschaft systemrelevant waren, erschließt sich nicht nur aus den vielen Bereichen, in denen sie – und oftmals nur sie – beschäftigt waren. Das belegen schon die nackten Zahlen. Forschende gehen davon aus, dass von der Gesamtbevölkerung des Imperiums zehn bis fünfzehn Prozent unfrei waren. Schaut man ins römische Herzland, nach Italien, verdoppelt sich die Quote. In Rom selbst könnten es sogar **BIS ZU 50 PROZENT** gewesen sein, was auch für andere Städte im Reich gegolten haben mag. Klingt irre, wird aber vorstellbarer, wenn man sich vor Augen hält: Nero soll rund 400 Sklaven in seinem kaiserlichen Haushalt beschäftigt haben; Plinius der Ältere schreibt gar von einem schwerreichen Aufsteiger, ironischerweise ein ehemaliger Sklave, der laut seinem Testament neben einem beträchtlichen Geldvermögen und einer Viertelmillion Rinder mehr als 4000 Sklaven hinterließ.

Sie stammen oft aus Griechenland, zu dem viele Römerinnen und Römer ein seltsam zwiespältiges Verhältnis haben: Einerseits verlacht und verachtet, weil der römischen Disziplin, Ordnung und Stärke nicht gewachsen. Andererseits bewundert für seine Kultur, der Rom kaum das Wasser reichen kann.

Wie aber kommt es überhaupt dazu, dass ein eben noch freier Grieche sich plötzlich in einer Villa am Palatin wiederfindet? Das Gros der Sklaven Roms stellen jahrhundertelang Kriegsgefangene. Darunter fallen nicht nur die Kämpfer besiegter Völker, man braucht schließlich auch Sklav*innen*. Also werden nicht selten ganze Dorfgemeinschaften verschleppt. Mancher Eroberungszug mag sogar nicht zuletzt von der Aussicht auf zahlreichen Nachschub für den Arbeitsmarkt getrieben sein. Gaius Julius Cäsar brüstet sich in *De bello Gallico* damit, dass seine erfolgreichen Kampagnen in Gallien für Hunderttausende neuer Sklaven gesorgt hätten. Das funktioniert logischerweise aber nur, solange Rom den Expansionskurs beibehält, der quasi am Tag der Stadtgründung im 8. Jahrhundert v. Chr. begonnen hat (siehe Caput VI). Allerdings ist der spätestens mit Trajans Eroberungen abgeschlossen, bereits sein Nachfolger Hadrian (76 bis 138 n. Chr.) fängt an, die Außengrenzen zu arrondieren, um das Monsterreich irgendwie beherrschbar zu halten (siehe Caput XVIII).

Politisch klug, für den Nachschub an Sklaven aber problematisch. Zum Glück gibt es noch andere Wege: Teilweise werden Verbrechen mit Versklavung bestraft, teilweise verkaufen Menschen sich selbst in die Sklaverei. Vielleicht weil sie so auf ein erträglicheres Leben hoffen, als sie es zwar frei, aber in völliger Armut und Besitzlosigkeit führen. Oder weil ihre Armut sie schon derart in Verschuldung gestürzt hat, dass sie keinen anderen Ausweg sehen, als mit der eigenen Freiheit die Schuld zu bezahlen – auch wenn man aus dieser Unfreiheit in den seltensten Fällen wieder rauskommt. Übrigens auch nicht als Nachwuchs: Das Kind einer Sklavin ist ebenfalls Sklave. Die meisten kommen allerdings weiterhin von fernab: Sklavenhändler machen prächtig Geschäft mit Menschenware, die sie – wie auch immer – aus den Gebieten jenseits der Reichsgrenzen heranschaffen und meistbietend verkaufen, auf dass die Arbeit auf den Feldern, in den Minen, an den Straßen niemals stillsteht.

Eigentlich erstaunlich, dass dieses System so lange funktioniert und nur selten, wie durch Spartacus und seinen Aufstand, ernsthaft infrage gestellt wird. Warum organisieren sich die Sklaven nicht, stehen für ihre Rechte ein – oder besser dafür, überhaupt erst mal irgendwelche Rechte zu bekommen? Im römischen Verständnis sind sie nämlich nicht einmal Menschen, sondern Dinge und werden auch juristisch so betrachtet (siehe Caput IX). Wer einen eigenen Sklaven tötet, kann das ungestraft tun. Wer den Sklaven eines anderen umbringt, verursacht nur Sachschaden.

Erst mit Hadrian ändert sich die Lage etwas, und Sklavinnen und Sklaven erhalten zumindest rudimentären Schutz vor Misshandlung. Als ab dem 4. Jahrhundert schließlich das Christentum Staatsreligion wird und damit Ideen wie Mitmenschlichkeit und Barmherzigkeit ins römische Denken Einzug halten, bessert sich die Lage noch einmal spürbar.

Doch auch eine christliche Gesellschaft, die auf einer Wirtschaft fußt, die ohne das namenlose Heer billiger Arbeitskräfte kollabieren würde, braucht eben Sklaven. Daher nimmt es kaum Wunder, dass die Welt auch dieses leider unschöne römische Erbe angenommen hat. Der Aufstieg der Amerikas? Undenkbar ohne die Abermillionen versklavter Afrikanerinnen und Afrikaner, die etwa auf den Baumwollplantagen der USA schuften oder auf den Karibikinseln Zuckerrohr anbauen. Viele Kolonialmächte, manche Kolonie, die sich selbstständig macht, profitieren enorm von diesem unmenschlichen System. Und so dauert es bis weit in die Neuzeit, ehe sich Ideen wie Menschenrechte allgemein durchsetzen. Noch die Unabhängigkeitserklärung der

USA propagiert zwar, dass alle Menschen gleich seien. Ob damit aber auch die Sklaven gemeint sind? Bestenfalls unklar.

Erst 1865 wird die Sklaverei in den USA abgeschafft, in Großbritannien 1833, in Preußen schon 1794. Brasilien ist 1888 der Nachzügler unter den christlich geprägten Nationen. Das weltweit letzte Land ist Mauretanien 1981. Seither erlaubt kein Staat der Erde mehr, dass ein Mensch einen anderen Menschen besitzen darf.

So weit die Theorie. In der Praxis fußt leider auch unsere heutige Wirtschaft darauf, dass es ausreichend Leute gibt, denen keine Wahl bleibt, als unter prekärsten Verhältnissen zu schuften, um glitzernde Fußballstadien in Katar hochzuziehen, die Bohnen zu ernten, aus denen der Kaffee gemacht wird, ohne den viele von uns kaum in den Tag kämen, oder damit die *Fast Fashion* der großen Modeketten grotesk billig und in Massen verkauft werden kann. Genaue Zahlen, wie viele Menschen noch immer in Verhältnissen leben und arbeiten, die sich nicht wesentlich vom Sklavendasein der Antike unterscheiden, kennt niemand. Sicher ist: Es sind Abermillionen weltweit.

Das katholische Hilfswerk *missio* kommt in seinen Berechnungen zu dem Schluss, dass dies selbst in Deutschland mehr als 150 000 Personen betrifft, eine Vielzahl davon als Arbeitsmigranten – von der Prostituierten bis zu manchen Erntehelfern aus Rumänien oder Bulgarien, die auf deutschen Äckern Spargel stechen und Erdbeeren pflücken zu Dumpinglöhnen und unter Bedingungen, unter denen niemand sonst den Rücken krumm machen will. Und klar, der Paketbote, der gerade mit der nächsten Online-Bestellung – nicht selten Waren, die ebenfalls unter fragwürdigsten Bedingungen hergestellt wurden – vor der Tür steht, ist keine *res*, keine Sache, wie ihn das römische Recht definiert hätte. Aber es ist auch nicht anzunehmen, dass er gerade seinem Traumjob nachgeht.

Kritik an diesen Zuständen gibt es übrigens schon im alten

Rom – und nicht nur in Form blutiger Aufstände. Seneca weist zum Beispiel – in derselben Briefreihe, in der er auch seine Meinung zur römischen Schulbildung kundtut (siehe Caput IV) – auf die absolute Willkür der Machtverhältnisse hin. Es sei daher ein Fehler, sagt er, »jemanden wie einen Sklaven zu behandeln, der, wenn das Schicksal es so will, ebenso Herr sein könnte wie du«.

Okay, das ist jetzt vielleicht noch keine Systemkritik im engeren Sinne. Aber aus seiner Aussage klingt schon etwas heraus, nämlich die Idee universeller Menschenrechte, und das spricht doch zumindest für ein positiveres Menschenbild, als es Senecas Denkerkollege und Vielschreiber Cicero hat: »Der Sklave träumt nicht von der Freiheit, sondern davon, einen eigenen Sklaven zu haben.« Darüber hätte der Mann sich doch mal mit Spartacus austauschen sollen. Zeitgenossen waren sie immerhin.

CAPUT XIII

ZWISCHEN FAST FOOD UND FESTGELAGEN

WIE RÖMISCH IST UNSER SPEISEPLAN?

Pompeji kennt hier vermutlich jeder. Wenigstens dem Namen nach. Die Kleinstadt am Fuß des Vesuvs ist zu Weltruhm gelangt, nachdem sie, wie auch ihre Nachbarin Herculaneum, im Jahr 79 n. Chr. beim Ausbruch des Vulkans komplett unter Asche und herabfallendem Lavagestein begraben wurde. Eingefroren im Augenblick – und für Jahrhunderte konserviert, denn erst im 16. Jahrhundert wird Pompeji wiederentdeckt. Was vielleicht weniger bekannt ist: Noch immer ist nicht die komplette Stadt wieder freigelegt. Noch immer gibt es daher archäologische Sensationen. Wie zum Beispiel im Sommer 2023.

Bereits einige Monate zuvor hat eine neue Grabungskampagne begonnen, in der sogenannten *regio IX*, mitten im Zentrum Pompejis. In den Häusern, die hier einst standen, fördern die Archäologinnen und Archäologen zahlreiche Funde zutage. Sie entdecken eine Wäscherei, eine Bäckerei samt Ofen, sogar noch weitere Opfer der Katastrophe, welche die Existenz der ehemals blühenden Stadt in nur wenigen Stunden vernichtete. Und an der Wand einer *insula*, einer antiken Mietskaserne (siehe Caput XIV), legen sie ein bemerkenswertes Fresko frei. Darauf zu sehen: unter anderem ein rundes, flaches Teigstück, das mit allerlei Zutaten belegt ist. Sensation! Ist das der weltweit erste Nachweis einer Pizza? Warum nicht? Auch die erste »moderne« Pizza soll schließlich unweit entstanden sein: Ein gewisser Raffaele Esposito aus Neapel, dessen heutiges Stadtzentrum kaum zwanzig Kilometer von Pompeji entfernt ist, belegte sie mit Tomaten, Mozzarella und Basilikum – genau: in den Nationalfarben Italiens – und widmete sie Margherita von Savoyen, der italienischen Königin. Warum soll das beliebte Gericht nicht schon Jahrhunderte zuvor in der Gegend bekannt gewesen sein?

Geschichtsforschende sind dankbar für jeden handfesten Hinweis, den sie über die römische Küche und die Essgewohnheiten von damals bekommen können. Manches ist in den Schriften antiker Autoren nachzulesen. Titus Petronius Arbiter (14 bis 66 n. Chr.) beschreibt in seinem *Satyricon* ausgiebig ein schwelgerisches Festmahl, das manchen Anhaltspunkt bezüglich Speiseplan und Tischsitten gibt. Quasi zur gleichen Zeit lebt in der Ge-

BONUM SCIRE

AUF DEN LAIB GESCHRIEBEN

Pompeji und seine Nachbarstadt Herculaneum sind Goldgruben für die Archäologie und für unser Wissen über die römische Welt, gerade was die eher profanen und alltäglichen Dinge anbelangt, die Tacitus, Sueton und Co. zu nichtig waren, um sie in ihre Geschichtsschreibung aufzunehmen. Brot zum Beispiel. Dutzende Laibe sind erhalten geblieben und können eine Menge erzählen – darüber, wie groß römisches Brot war, wie es geformt war, ja, teilweise sogar, woraus es gebacken wurde. Auch spannend: Die Laibe tragen **STEMPEL WIE FIRMENLOGOS**, die auf den Hersteller hinweisen. Ein Herkunftsnachweis für alle, denen es schmeckt und die wissen wollen, wo derart leckere Backwaren zu bekommen sind. Ein Nachweis aber auch für die Behörden: Der Brothandel war streng reglementiert und kontrolliert. Da ging es um genormte Gewichte, Preisvorgaben und Steuerpflichten. Auf diese Weise werden die verkohlten Laibe nicht nur zu Zeugen der Kulinarikgeschichte, sondern auch zu Belegen für den hohen Organisationsgrad der Verwaltung.

gend von Köln ein gewisser Marcus Gavius Apicius, ein offenbar legendärer Feinschmecker – oder wie Plinius der Ältere etwas kritischer anmerkt: der größte Prasser mit dem *altissumus gurges*, dem tiefsten Schlund, und *ad omne luxus ingenium natus* – zu aller denkbaren Art von Übermaß geboren. Gleichwie, der Mann hat uns möglicherweise das einzige Rezeptbuch aus römischer Zeit hinterlassen. Auch wenn die heute bekannte und ihm zugeschriebene *De re coquinaria* – Über die Kochkunst – eigentlich erst Jahrhunderte später entstand: Manches spricht dafür, dass sie tatsächlich auf Apicius' Sammlung zurückgeht.

Petronius und Apicius liefern am Ende aber doch nur kleine Ausschnitte, erzählen uns – wie so oft – vor allem von den Gepflogenheiten der Reichen und Mächtigen. Wie der berühmte Eisberg, von dem nur ein Bruchteil aus dem Wasser ragt und sichtbar ist. Und darunter? Mindestens so wichtig wie die literarischen Quellen sind hier die archäologischen. In den Backöfen Pompejis lagen noch Brote. Wir kennen nun zweifelsfrei deren Form und Größe, ja, teilweise deren Zutaten. Ölmühlen, Weinkeller, Getreidespeicher, Amphoren geben Hinweise auf Herstellungsprozesse, auf Lagerungstechniken und Vertriebswege. Aus alledem konnte bereits viel Wissen extrahiert werden.

Wer es sich damals leisten kann, hat regelmäßig Fleisch auf dem Tisch, Schwein, Lamm, Geflügel. Auch mal Wild. Fisch und andere Meeresfrüchte ebenso. Das Ganze gern gewürzt – nach heutigem Geschmack vielleicht eher: überwürzt – mit Pfeffer, mit Safran oder Honig. Manchmal auch weniger wegen des Geschmacks, mehr wegen des Eindrucks. Aber es soll ja auch heute Menschen geben, die ihr Steak vorzugsweise vergoldet zu sich nehmen. Nicht weil es besser, sondern weil es teurer ist.

Demgegenüber ist der Speiseplan der einfachen Bevölkerung überschaubar. Hier dominieren Gemüse, Hülsenfrüchte und vor allem Getreide. Als Brei, als Brot. Was oben und unten sich teilen, sind vor allem zwei Dinge:

1. Wein. Auch wenn der am unteren Ende der sozialen und gastronomischen Skala gern mit Wasser gestreckt wird. Die äußerst ungesunde Angewohnheit, den oftmals sauren Trunk mit in Bleigefäßen eingekochtem Traubenmost zu versüßen, pflegte man hingegen in allen Gesellschaftsschichten (siehe Caput V). Allerdings können die Höhergestellten eher mal auf Honig oder auf das Luxusgut Zucker zurückgreifen.
2. *garum*. Das wird aus eingesalzenem Fisch gewonnen, den man über einen längeren Zeitraum in der Sonne vor sich hin fer-

SEMPER VERBA RECTA

PESTO FÜR DEN SCHMELZTIEGEL

Seit bald 250 Jahren trägt der Adler auf dem Wappen der Vereinigten Staaten von Amerika stolz ein Spruchband im Schnabel: **E PLURIBUS UNUM** steht darauf – aus vielen eines. Ursprünglich ist damit der Zusammenschluss der dreizehn Kolonien gemeint, die mit der Abspaltung vom englischen Mutterland zur Keimzelle der USA wurden. Inzwischen wird der Satz eher als Zustandsbeschreibung des nordamerikanischen Schmelztiegels verstanden, der lange stolz war auf seine Einwanderungsgeschichte – schließlich ist man das Land der unbegrenzten Möglichkeiten für alle, die hier ihr Glück versuchen. Den Ursprung des lateinischen Satzes auf dem Wappen verorten manche bei Vergil, für viele der bedeutendste Dichter Roms. Kleiner Haken: Die Textstelle, auf die verwiesen wird, stammt aus einem Gedicht, das Vergil lediglich zugeschrieben wird. Ob er es selbst verfasst hat? Fraglich. Auch der Inhalt der ungefähr 120 Zeilen ist wenig staatstragend: Das Gedicht beschreibt, wie ein Bauer sein Essen zubereitet, ganz bedächtig und Schritt für Schritt, eine Rezeptsammlung in Versform sozusagen. Unter anderem mit detaillierten Hinweisen zur Zubereitung von *moretum*, eine bei den Römern beliebte Paste aus Kräutern, Käse und Knoblauch, die, *e pluribus unus*, aus vielen Zutaten zu einer homogenen Masse wird – eine frühe Form von Pesto.

mentieren lässt, bis sich mehr oder weniger alle festen Bestandteile aufgelöst haben und ein bräunlicher, übelst riechender Sud entstanden ist. Nach mehreren Filtrierungen sticht er noch immer in der Nase – wird aber trotzdem über quasi jedes Gericht gegossen. So wie heute manche Leute schon reflexhaft zu Pfef-

SEMPER VERBA RECTA

DIE WAHRHEIT UND NICHTS ALS DIE WAHRHEIT?

Das soll schon den Besten passiert sein: bei der Weihnachtsfeier einmal zu oft angestoßen und dann der Chefin endlich mal die eigenen Gedanken zur Mitarbeiterführung unterbreitet, die man schon lange loswerden wollte, was man sich aber nie getraut hat. Oder dem Kollegen die unverblümte Meinung zu dessen herausfordernder Körperhygiene aufgetischt. Alles vielleicht ehrlich, aber superpeinlich – spätestens am nächsten Tag. Dass Alkohol die Zunge löst, wussten auch die Römer. Genau wie ihre nördlichen Nachbarn in Germanien. Dort, so beschreibt es jedenfalls Tacitus im 22. Kapitel seiner *Germania* nicht ohne eine gewisse Bewunderung, sei es üblich, die wichtigsten Dinge – Krieg, Frieden, Eheschließungen – idealerweise im Vollrausch zu verhandeln, »so als ob der Geist zu keiner Zeit für ehrliche Gedanken aufgeschlossener oder für bedeutende Gedanken begeisterter sei«. Denn kurz gesagt: **IN VINO VERITAS** – im Wein liegt die Wahrheit. So lateinisch dieser Ausspruch jedoch ist, so wenig römisch ist er. Er wird Erasmus von Rotterdam (etwa 1466 bis 1536) zugeschrieben, zu dessen Lebzeiten selbst Ostrom nur noch eine schwache Erinnerung war. Dass die unverblümte Wahrheit allerdings nicht unbedingt immer der beste Rat, die Sache zuweilen etwas komplizierter ist, wussten schon die Germanen: Laut Tacitus war es bei ihnen üblich, die im Rausch gefassten Beschlüsse am Folgetag noch einmal ganz, nun ja, nüchtern zu betrachten. Das vielleicht als Tipp für die nächste Weihnachtsfeier.

fer und Salz greifen, noch ehe sie gekostet haben. Doch anders als Pfeffer und Salz, anders als die meisten Sojasoßen oder die berüchtigte Maggiwürze, die man angeblich noch immer auf manchen Tischen findet, kann *garum* ein echtes Luxusgut sein. Die wertvollste Variante firmiert unter *garum sociorum*, von dem Marcus Valerius Martialis (40 bis 104 n Chr.) schreibt, es werde aus dem Blut noch atmender nordafrikanischer Makrelen gebraut – und wäre teuer wie die edelsten Parfums. Von einer anderen Sorte aus dem spanischen Südosten heißt es: Um eine einzige Amphore davon zu erstehen, müsse ein Legionär drei Jahre Sold ansparen.

Da braucht es gar nicht die gastronomischen Extravaganzen, die Monty-Python-Gucker oder Asterix-Leserinnen so gut kennen: Was ist mit den Otternasen, die Brian in Jerusalems Amphitheater feilbietet? Haben die Krabbenzahnfleischpastetchen, die den Galliern bei einem Rombesuch gereicht werden, historische Vorbilder? Liest man bei Plinius dem Älteren nach, scheint das nicht ausgeschlossen. Oben erwähnter Apicius jedenfalls soll ein großer Flamingozungen-Fan gewesen sein. Auch die Idee, Schweine mit Feigen zu mästen, um ihre Lebern fruchtiger zu machen, geht auf den Kölner Lebemann zurück. Unter *iecur ficatum*, sinngemäß: gefeigte Leber, werden die auf solche Art gepimpten Organe gehandelt. *Funfact*: Die romanischen Sprachen übernehmen davon nur das Adjektiv: Die Leber – lateinisch *iecur* – wird im Italienischen zu *fegato*, im Französischen zu *foie*.

Wie wird das nun alles zu sich genommen? Lädt ein wohlhabender Bürger zum Dinner, zur *cena*, geht es nicht nur darum, ein paar feine Speisen aufzufahren und einen netten Abend unter Freunden zu verbringen. Nein, es ist ein komplexes Ritual, das einem ganzen Kanon von Regeln folgt, das Eindruck machen soll, das ausgesprochen aufwendig und zeitintensiv ist.

Geladene und handverlesene Gäste, vom Freund über den Geschäftspartner bis zum politischen Verbündeten (oder auch Konkurrenten), werden zunächst ins *triclinium* gebeten, den Speiseraum. Dort lässt man sich, meist in Dreiergrüppchen liegend, um Tische nieder. Wobei der Gastgeber den Mittelpunkt der u-förmigen Anordnung bildet.

Das Essen kommt, ähnlich wie heute, wesentlich in drei Hauptgängen: Der *gustatio*, der Vorspeise, folgt die *prima mensa* als Hauptgang. Die *secunda mensa* ist dann schon der Nachtisch. Begleitet wird das alles von amphorenweise gesüßtem Wein – und einem angemessenen Unterhaltungsprogramm: Musik, Tanz, gern auch mal ein Dichter, der seine neuesten Verse zum Besten gibt.

Sind die letzten Reste des Desserts abgeräumt, beginnt der gemütliche Teil: Der Wein fließt unvermindert weiter, das Unterhaltungsprogramm bestreiten die Gäste selbst. Mal in Form philosophischer Diskurse, mal auch nur mit eher banalen Trinkspielen. Bis das Ganze nicht selten erst in den frühen Morgenstunden endet und die erschöpften Teilnehmer des Banketts, hoffentlich, von ihren Sklaven (siehe Caput XII) heil ins Bett gebracht werden.

Kleine Einschränkung zur großen Sause: Von derlei ausgelassenen und opulenten *cenae* kann die Mehrheit der römischen Bevölkerung natürlich nur träumen. So wie deren Speiseplan deutlich schlanker ist, fällt auch das Drumherum der Mahlzeiten schlichter aus. Ein *triclinium*? Das wird man in den *insulae* von Köln bis Pompeji vergeblich suchen. Dort gibt es in der Regel nicht einmal Küchen. Nach Schätzungen verfügt nur etwa jeder siebte Stadtbewohner über die Möglichkeit, warme Mahlzeiten zu bereiten. Wer trotzdem nicht darauf verzichten möchte, geht in eine der zahllosen Garküchen, etwa *cauponae* und *thermopolia*, die es quasi an jeder Straßenecke gibt. Mit anderen Worten: Das formalisierte und zelebrierte Abendessen am einen Ende der Gesellschaft ist ebenso römisches Vermächtnis wie die Fast-Food-Kultur am anderen: Das *thermopolium* ist die Imbissbude der Antike. In Pompeji wurde gar eines freigelegt, dessen Kochtöpfe durch die Vulkanasche so luftdicht abgeriegelt waren, dass sich noch Wasser darin befand.

Die kulinarischen Traditionen und Vorlieben – *garum, garum, garum!* – breiten sich mit der Expansion des Imperiums einmal ums gesamte Mittelmeer, das *mare nostrum*, und bis nach Nordeuropa aus. Vieles muss dort aus der italienischen Heimat oder von noch weiter weg importiert werden (siehe Caput V). Olivenöl, viele Kräuter und Gewürze. Manches wird durch die Römer in den Provinzen erstmals kultiviert: Den Wein an Rhein und Mosel? Haben die Römer erstmals angebaut (siehe Caput VII). Das planvolle Anlegen von Obstplantagen, Äpfel in Germanien, Kirschen in Britannien. Oder Artischocken in Gallien. Durch den hoch entwickelten Getreideanbau werden auch Weizen und Gerste zu Grundnahrungsmitteln, wo sie vorher vielleicht eher Nischenprodukte waren. Und, und, und ... Vieles davon wird bis heute wie selbstverständlich kultiviert, oft ahnungslos darüber, wo die Ursprünge liegen. Auch manche Essgewohnheit lässt sich bis in die Antike zurückverfolgen. Selbst das Olivenöl, das in weiten Teilen Europas mit dem Untergang des Römischen Reiches auf lange Zeit verschwindet, ist wieder da. Anders als das *garum*. Aber das ist vielleicht gar nicht so schlimm, oder?

Vor allem die Pizza ist für viele von uns kaum aus dem Speiseplan wegzudenken. Allerdings eine kleine Korrektur zum Abschluss: Gestandene *pizzaioli* haben natürlich längst abgewunken. Was auch immer für Früchte auf dem pompejischen Fresko als Belag abgebildet sind, Granatäpfel oder Datteln – mit unserer heutigen Vorstellung von Pizza hat das alles wenig zu tun. Mozzarella war, nach allem, was wir wissen, noch nicht erfunden. Und die ersten Tomaten erreichen Europa erst Jahrzehnte nachdem Konstantinopel gefallen und damit auch das letzte Eckchen des Römischen Reiches Geschichte ist: Spanische Eroberer bringen die Pflanze aus den gerade von ihnen entdeckten Amerikas mit.

CAPUT XIV

VULKANASCHE SCHLÄGT STAHLARMIERUNG

WIE ROM DEN ANSPRUCH ALS EWIGE STADT SPRICHWÖRTLICH BETONIERTE

Ein Grund zur Freude für die einen, für die anderen eine Katastrophe, mindestens eine bildungspolitische: Als im Spätsommer 2023 in Großbritannien das neue Schuljahr beginnt, bleiben mehr als hundert Schulen im Land geschlossen. Akute Einsturzgefahr! Ein Jahr später hatte man schon rund fünfhundert öffentliche Gebäude identifiziert, neben Schulen auch Regierungseinrichtungen, Krankenhäuser, Gefängnisse, die alle einem ähnlichen Schicksal entgegensehen. Was diese Strukturen eint: Sie wurden alle mit *RAAC* errichtet, *Reinforced Autoclaved Aerated Concrete*, einem Beton, der regelmäßig bei Neubauprojekten seit dem Ende des Zweiten Weltkrieges und bis in die 1990er-Jahre verwendet wurde. Der aber jetzt, nur wenige Jahrzehnte später, vielfach sein Haltbarkeitsdatum überschritten zu haben scheint. *RAAC*, das weiß man längst, ist vergleichsweise anfällig – für mechanische Belastungen, aber auch für Feuchtigkeit. Dringt Regenwasser ein, kann die Stahlarmierung rosten, der Beton aufweichen und schließlich brechen. Und Regenwasser in Großbritannien? Soll vorkommen.

Die britischen Schulschließungen sandten Schockwellen durch ganz Europa, zumindest in Fachkreisen: Steht uns dasselbe Schicksal bevor, die bange Frage. Expertinnen und Experten konnten allerdings schnell abwinken: *RAAC* ist – zumindest in Deutschland – nie das Mittel der Wahl gewesen, stattdessen kam *AAC* zum Einsatz. Ohne *R* wie *Reinforcement*, also Verstärkung, also Stahlteilen, also Rostgefahr. Das ist zwar teurer. Aber dafür, wie sich jetzt zeigt, durabler. Wobei dieser Begriff relativ ist: Auch hierzulande leidet vor allem die Infrastruktur unter schwächelndem Beton. Hunderte Autobahnbrücken drohen unter dem darüberbretternden Verkehr zu zerbröseln, Tausende Straßenkilometer sind dabei, sich aufzulösen. Zigtausende Eisenbahnschwellen müssen nach nur wenigen Jahren ausgetauscht werden. Ursache: Die Alkali-Kieselsäure-Reaktion, auch als Betonkrebs bekannt. Das hier ist kein Chemiebuch, daher nur stark vereinfacht: Rührt man die falschen Kieselsteine in seine Betonmischung, reagieren die mit Regenwasser, quellen und sprengen damit irgendwann die Struktur auf.

Szenenwechsel: Am Südende der Piazza della Rotonda, im alten Herzen der alten Stadt Rom, steht eines der besterhaltenen Gebäude der römischen Antike, das Pantheon. Vollendet unter Kaiser Hadrian, ist es in römischer Zeit eine Art Universalheiligtum, ein Tempel für alle Göttinnen und Götter. Daher auch der – griechische – Name: *pan* bedeutet gesamt, *theos* ist der Gott. Ganz anders als die sonstige Tempelarchitektur mit dem rechteckigen Grundriss, dem Satteldach, den umlaufenden Säulenreihen, ist das auffälligste Merkmal des Pantheons die gigantische Kuppel, die den darunterliegenden kreisrunden Raum überwölbt: Mit genau 150 römischen Fuß Durchmesser – in heutigen Zahlen: 43,30 Meter – ist sie die mit Abstand größte Kuppel der damaligen Zeit, und für die kommenden mehr als tausend Jahre bleibt sie das auch. Und selbst danach wird sie nur überflügelt, wenn man andere Bauweisen in diesem Ranking zulässt. Größere Kuppeln aus unverstärktem Beton gibt es nämlich bis heute nicht. Braucht vielleicht auch niemand. Dafür darf man vorsichtig fragen: Was hat das Pantheon, was britischen Schulbauten und deutschen Autobahnen fehlt? Warum lösen die sich nach wenigen Jahrzehnten, manchmal nur Jahren in ihre Bestandteile auf, während Hadrians Betonkuppel bald zwei Millennia dem Zahn der Zeit standhält?

Die ewige Stadt, *Roma aeterna*, ist natürlich vor allem eine Idee, ein Konzept, ein Anspruch. Tatsächlich tragen die Römer mit ihrer Bau- und Ingenieurskunst aber ganz konkret dazu bei, aus diesem Gedanken ein Faktum zu machen.

Wenn das Imperium auch längst untergegangen sein mag – dass wir bis heute vielerorts sehr sichtbare Spuren davon vorfinden, liegt auch an genialen Erfindungen wie dem *opus caementicium*, dem Baustoff, aus dem die Pantheonkuppel errichtet wurde. Diese römische Spielart des Betons wird aus Kalk, grobem Gestein oder Ziegelbruch und Pozzolana angemischt. Genau diese

BONUM SCIRE

EIN ZWEITES LEBEN

Viele römische Bauten haben Jahrhunderte überdauert, weil sie mit den verwendeten Baustoffen, der angewandten Bautechnik schlicht auch für Jahrhunderte konzipiert waren. Vielen hat das aber nicht geholfen: Gegen Kriegszerstörungen oder Erdbeben ist selbst das zäheste *opus caementitium* machtlos. Oder gegen das, sagen wir mal, **NACHHALTIGKEITSDENKEN** früherer Generationen: Gerade in Rom selbst, aber auch andernorts, hat man sich, nachdem das Imperium untergegangen war, gern an seinen Resten bedient. Die Lateranbasilika, die Kirche Santa Maria Maggiore – nur zwei Beispiele für unzählige Gebäude, bei deren Bau antikes Material verwendet wurde. Solche Spolien, wie es in der Architekturgeschichte vornehm heißt, erfüllten allerdings zuweilen noch einen weiteren Zweck: **TRADITION SIMULIEREN**. Etwa wenn Karl der Große antike Säulen aus Italien bis nach Aachen schleppen lässt, um sie in seinen neuen Dom einbauen zu lassen, damit alle Welt weiß: Rom war gestern, ab jetzt liegt hier der Mittelpunkt der Welt. Bauten wie das Pantheon konnten dem gezielten Abriss glücklicherweise durch Umnutzung entgehen: Seit dem Jahr 609 und bis ins 20. Jahrhundert hinein diente es als Kirche.

Vulkanasche aus dem Golf von Neapel ist Teil des Geheimnisses. Durch ihre chemische Reaktion mit dem Kalk wird das *opus caementitium* nicht bloß extrem stabil, sie verleiht ihm auch eine Art Selbstheilungskraft, welche zu seiner enormen Haltbarkeit beiträgt. Und zu seiner vielseitigen Anwendbarkeit: Selbst unter Wasser kann man das *opus* verarbeiten, weshalb die Römer ganze Hafenanlagen damit errichten.

Welche chemischen Prozesse da im Einzelnen ablaufen, wird ihnen indes kaum klar gewesen sein. Denn diese haben Forschende vom Massachusetts Institute of Technology, dem berühmten MIT in Boston, erst vor Kurzem vollends nachvollziehen können. Dass dieses neu gewonnene Wissen jetzt zu einer Revolution im Baugewerbe führen wird, ist dennoch unwahrscheinlich. Denn Vulkanasche ist am Ende zu selten, zu teuer, müsste über zu weite Wege transportiert werden, als dass sich die massenweise Anwendung lohnen könnte. Außerdem fehlen dem römischen Beton Eigenschaften, mit denen seine modernen Nachfahren aufwarten können. Extrem schnelles Aushärten zum Beispiel.

Das legendäre *opus* bleibt nicht die einzige bautechnische Errungenschaft: Den Rundbogen kennen zwar schon die Etrusker. Doch erst mit den Römern wird er zu einem elementaren Bestandteil der Architektur, der es durch seine geniale Lastenverteilung überhaupt erst erlaubt, so etwas wie kilometerlange Aquädukte, Brücken oder auch Arkaden zu errichten. Ziegel, die als Baustoff noch weiter verbreitet sind als das *opus caementitium*, werden standardisiert, in ihrer Größe normiert. Es werden Ziegeltechniken entwickelt, die es ermöglichen, schnell und einfach Mauern von erstaunlicher Größe hochzuziehen. Fensterglas findet zunehmend Verbreitung. Vor allem in den Villen der Oberschicht, vielfach auch in öffentlichen und repräsentativen Bauten. Schätzungen besagen, dass alle Fensterflächen der ebenso prächtigen wie riesigen Caracalla-Thermen (siehe Caput XVII) zusammengenommen etwa der Größe eines Fußballfeldes entsprochen haben dürften und dabei auf ein Gesamtgewicht von rund fünfzig Tonnen kommen.

Ehe hier jetzt aber überbordende Begeisterung für die Meisterschaft römischer Ingenieure aufkommt: Das alles ist nur eine Seite der Medaille. Es ist keineswegs so, dass jedes Bauvorhaben im Imperium darauf ausgelegt ist, alle Zeiten zu überdauern. Das mag für die Repräsentationsarchitektur gelten. Oder für auf Fortbestand und Haltbarkeit angelegte Infrastrukturprojekte

NUMERI PLACENT

NEUN PFEILER FÜR DIE EWIGKEIT

Mit den Eroberungszügen Gaius Julius Cäsars drang Rom erstmals systematisch nordwärts über die Alpen vor – und blieb dort meistenteils für die folgenden Jahrhunderte. In die Zeit von Cäsars Nachfolger Augustus fällt die erste Stadtgründung in Germanien, also in der Gegend, die wir heute Deutschland nennen: *Augusta Treverorum*. Es gibt zwar Orte, die eine längere Geschichte für sich reklamieren. Etwa Andernach, das antike *Antunacum*, wo schon Cäsar ein Militärlager gründete. Aber eben keine Stadt. Trier kann hingegen nicht nur mit der Porta Nigra angeben, dem größten römischen Stadttor nördlich der Alpen. Hier befindet sich zudem das älteste erhaltene Gebäude Deutschlands: das Amphitheater aus dem 1. Jahrhundert n. Chr., das einstmals Platz für bis zu 20 000 Zuschauer bot (siehe Caput III). Und, vielleicht am beeindruckendsten, **DIE ÄLTESTE BRÜCKE**: Seit dem Jahr 144 n. Chr. führt sie vierhundert Meter über die Mosel, wird noch heute täglich tausendfach von Autos, Fahrrädern, Fußgängern gequert – und das auf neun Brückenpfeilern, errichtet aus massiven Basalt- und Blausteinblöcken, die inzwischen bald 1900 Jahre den Fluten von unten und dem Verkehr von oben standhalten.

wie Wasserversorgung und Fernstraßen (siehe Caput V). Doch das Baugewerbe zieht schon vor zweitausend Jahren nicht ausschließlich die Redlichsten an. Dass man in dem Metier, ein bisschen Pfusch hier, ein wenig Korruption da, eine Menge schnelles Geld machen kann und im Zweifel über alle Berge ist, ehe der Fall regresspflichtig wird: keine moderne Entwicklung.

Weder Rom noch irgendeine Stadt im Reich besteht ausschließlich aus Tempeln und Thermen. Damals wie heute leben die wenigsten Menschen in Villenvierteln. Das Gros der Stadtbevölkerung ist in den sogenannten *insulae* zu Hause, die antike Form der Mietskaserne. Diese stehen teils sechs Stockwerke hoch – auf mehr wird nur verzichtet, weil die Bauhöhe seit Augustus per kaiserlichem Dekret festgeschrieben ist – und dicht an dicht. Die einzelnen Wohnungen darin: meist eng und dunkel. Wahlweise schlecht belüftet oder aber zugig. Küchen gibt es in der Regel nicht (siehe Caput XIII), auch keine Toiletten (siehe Caput XVII).

Immer wieder brechen Feuer aus und vernichten ganze Quartiere, denn die *insulae* sind brandanfällig. Schon Vitruv (etwa 80 bis 15 v. Chr.), der berühmte Architekt, moniert das. In seinem Buch *De architectura* beschreibt er die Vorzüge und Nachteile verschiedener Baustoffe. Ginge es nach ihm, würde etwa ausschließlich Lärche verwendet werden. Da dieses Holz aber vergleichsweise selten und teuer ist, komme meist Tanne zum Einsatz – die dummerweise wie Zunder brennt. Ebenso würde häufig Tuffstein verbaut werden, kritisiert der Experte. Der sei zwar ebenfalls günstig und leicht zu beschaffen sowie einfach in der Handhabung, allerdings wenig beständig und schnell von Wind und Wetter erodiert.

Glaubt man Decimus Junius Juvenalis, ist Baupfusch, oder nennen wir es wohlwollender: besonders kosteneffiziente Technik, sogar eher Regel als Ausnahme: *Nos urbem colimus tenui tibicine fultam magna parte sui*, heißt es in einer seiner Satiren, *nam sic labentibus obstat vilicus et, veteris rimae cum texit hiatum, securos pendente iubet dormire ruina* – unsere Stadt steht dagegen größtenteils auf dünnen Pfeilern, und droht der Einsturz, kommt der Verwalter, lässt den klaffenden Spalt zuspachteln und heißt ruhig dann schlafen des morschen Hauses Bewohner. Könnte das auch einen Vermieter des 21. Jahrhunderts beschreiben? Juvenal fürchtet allenthalben einstürzende Neubauten, warnt vor der Lebensgefahr, die das Bewohnen solcher Häuser mit sich bringe: Wer ganz oben lebe, wo es am engsten und ungemütlichsten ist, bekomme meist nicht einmal mit, wenn das Gebäude in Flammen aufgeht, weil das Herdfeuer in der Garküche im Erdgeschoss außer Kontrolle geraten ist. Und wenn doch, dann ist es in aller Regel zu spät, noch die rettende Straße zu erreichen.

Doch bei aller Kritik, ob sachlich fundiert und berechtigt, wie bei Vitruv, oder zugespitzt und übertrieben, wie in Juvenals Satiren – die *insulae* sind Voraussetzung dafür, dass Rom schon im 1. Jahrhundert n. Chr. zur ersten Millionenstadt der Weltgeschichte heranwachsen kann. Ganz konkret in Zahlen, wenn auch aus dem 4. Jahrhundert n. Chr., gibt es in Rom knapp 1800 Stadthäuser, die in der Regel von einer einzelnen Familie bewohnt werden. Demgegenüber stehen mehr als 46 000 Mietskasernen.

In anderen Metropolen des Imperiums dürfte das Bild ähnlich gewesen sein. Beispielsweise in Alexandria, Antiochia oder Karthago, die ebenfalls auf Größenordnungen von mehreren Hunderttausend Einwohnerinnen und Einwohnern kommen. Selbst in der *Colonia Claudia Ara Agrippinensium*, dem heutigen Köln, in antiken Zeiten immerhin eine der größten Städte nördlich der Alpen, hat man archäologische Hinweise auf die Bebauung mit *insulae* gefunden. Natürlich nicht sehr viele: Die Mietskasernen – Stichwort Tanne und Tuffstein – sind eben nichts für die Ewigkeit. *Aeterna*? Fehlanzeige.

Und so ist das Bild, das sich uns heute bietet, am Ende doch etwas verzerrt. Die atemberaubende Kuppel des Pantheons, die gewaltigen Mauerreste, die einen ahnen lassen, welch imposante

Bauten die Thermen Caracallas oder Diokletians einst waren, das Kolosseum natürlich (siehe Caput III) – sie sind Zeugen vergangener Pracht und Größe (sowie extrem fortschrittlicher Baumaterialien und -techniken), die mit modernen Stadtsilhouetten allerdings kaum noch etwas gemein haben.

Dafür dürften die Straßenzüge in den einfachen Wohnvierteln Roms, Karthagos oder Alexandrias heutigen Metropolen gar nicht so unähnlich gewesen sein. Vor allem, was den Lebensstandard betrifft: Der Grad der Urbanisierung wird nach langen Jahrhunderten des Niedergangs ab dem Ende des Römischen Reiches in weiten Teilen Europas erst wieder im 19. Jahrhundert erlangt.

SEMPER VERBA RECTA

MARMOR BRICHT (NICHT)

Octavian, der spätere Augustus, ist als erster Kaiser Roms schon zu Lebzeiten vergöttlicht worden und bis heute unsterblich. Dass er gleichzeitig zum Totengräber der Republik wurde (siehe Caput VIII), konnten ihm viele Zeitgenossen trotzdem nicht verzeihen – bei allem Geschick, das er für Selbstdarstellung und -vermarktung aufbrachte. Immerhin, wo spätere Herrscher Unzufriedenheit oder überbordende Politisierung durch ausgiebige Shows im Kolosseum zu besänftigen suchten (siehe Caput III), operierte Augustus mit handfesteren und dauerhafteren Maßnahmen. Durch die von ihm in Auftrag gegebenen Baumaßnahmen, darunter Tempel, öffentliche Plätze, verwandelte er Rom in die wahrscheinlich modernste und prächtigste Stadt ihrer Zeit. **MARMOREAM RELINQUO, QUAM LATERICIAM ACCEPI**, soll er laut seinem Biografen Sueton entsprechend unbescheiden als letzte Worte auf dem Totenbett gehaucht haben: Marmor hinterlasse ich, wo ich Ziegel vorfand.

CAPUT XV

BÖSE MÄDCHEN KOMMEN … BIS AUF DEN KAISERTHRON

WELCHE ROLLE ROM SEINEN FRAUEN ZUGESTEHT – UND WELCHE SIE SPIELEN

Romeo und Julia sind nichts dagegen: Der Selbstmord von Marcus Antonius und Kleopatra ist einer der vielleicht kinoreifsten Suizide der Weltgeschichte (und ist auch schon mehrfach verfilmt worden). Nachdem die beiden in der Entscheidungsschlacht gegen Octavian im Jahr 31 v. Chr. besiegt worden sind, stürzt Antonius sich in typisch römischer Feldherrenmanier in sein Schwert, sie setzt sich eine Viper an den Busen – wird jedenfalls gern kolportiert. Für Octavian ist damit der Weg frei, er wird als Augustus Roms erster Kaiser. Mit Kleopatra (69 bis 30 v. Chr.) hingegen stirbt Ägyptens letzte Pharaonin, eine fast dreitausend Jahre währende Epoche ist vorbei. Ägypten wird als römische Provinz dem Imperium einverleibt. So weit die Vorgeschichte. Denn ziemlich genau dreihundert Jahre später erscheint eine Frau auf der Weltbühne, die von sich behauptet, Kleopatras Nachfahrin zu sein – und die Rom herausfordern wird wie keine Frau je zuvor oder danach. Ihr Name: Zenobia von Palmyra.

Zenobia, geboren im Jahr 240 n. Chr. im syrischen Palmyra, wird, wie in aristokratischen Kreisen eher die Regel als die Ausnahme, schon als Teenagerin verheiratet. Ihr Mann Septimius Odaenathus (etwa 220 bis 267 n. Chr.) ist der spätere König von Palmyra – von Roms Gnaden, versteht sich: Syrien ist seit Jahrhunderten unter römischer Herrschaft. Aber auch mit Roms Segen: Odaenathus dient als Heerführer, zeitweise sogar als direkter Stellvertreter des Kaisers. Das bringt den Mann in einen Interessenkonflikt zwischen der Treue zu Rom – und den eigenen Ambitionen. Was genau danach passiert, weiß heute niemand mehr. Jedenfalls wird Odaenathus 267 n. Chr. unter unklaren Umständen ermordet. Weil der einzige Thronfolger noch unmündig ist, übernimmt Zenobia die Regentschaft. Und die scheint ihrem Mann in Sachen Ehrgeiz kaum nachzustehen. Im Gegenteil: Zenobia macht sich daran, den eigenen Machtbereich sukzessive zu erweitern. Sie verleibt dem Palmyrerreich Teile Arabiens ein, dringt nach Kleinasien, also in die heutige Türkei vor, lässt ihre Truppen in Ägypten aufmarschieren. Warum nicht, als angebliche Nachfolgerin der letzten Pharaonin? Ja, sie wagt es sogar, ihren Sohn und sich zu Augustus und Augusta zu erklären – zu Kaiser und Kaiserin.

Stopp mal kurz, eine Frau mit Kaisertitel? Wahrscheinlich schon vorher, aber spätestens an diesem Punkt wird man in der Hauptstadt geahnt haben: Das ist mehr als ein Gerangel unter Lokalfürsten. Das wächst sich gerade zu einer existenziellen Bedrohung des Imperiums aus – und das ist in diesen Jahren nicht arm an Bedrohungen: Überall kriselt es, gibt es Unruhen, schwingen sich neue Kaiser und Gegenkaiser auf. Die Geschichtsforschung spricht heute von der Reichskrise des 3. Jahrhunderts, die zu diesem Zeitpunkt schon einige Jahrzehnte anhält. Der aktuell amtierende – und zumindest überwiegend anerkannte – Kaiser Lucius Domitius Aurelianus (214 bis 275 n. Chr.) macht Zenobias Expansionsgelüste als den größten Brandherd aus, sammelt ein Heer um sich und marschiert persönlich Richtung Südosten.

Es braucht mehrere Schlachten, Belagerungen und auch Verräter, ehe es Aurelian 272 n. Chr. gelingt, seine große Widersacherin zu stellen. Laut einem gewissen Zosimos (etwa 460 bis 520 n Chr.), einem Autor, der die Geschichte allerdings erst mehr als zweihundert Jahre später aufschreibt, soll sich die Freude des Kaisers über seinen Triumph aber in Grenzen gehalten haben. Schließlich habe er nur eine Frau besiegt. Allerdings eine, die, wie es an anderer Stelle heißt, Rom andernfalls den kompletten Orient entrissen hätte. Eine Powerfrau, die strategisches Geschick und militärische Disziplin besaß, die klug und gebildet gewesen sein soll. Die in Sachen Machtspiele auf Augenhöhe mit jedem Mann war.

Mit anderen Worten: eine Legende! Kein Wunder, dass Zenobia in der Neuzeit zum emanzipatorischen Vorbild wurde, zu einer Ikone des Feminismus, aber auch gegen imperialistische Unterdrückung. Sie taucht in der Malerei auf, in der Literatur, in *Graphic Novels*. Schon im 17. Jahrhundert erzählt der italienische Komponist Tomaso Albinoni (1671 bis 1751) Zenobias Geschichte als Oper.

Sollte es Albinoni darum gegangen sein, von starken Frauen aus römischer Zeit zu erzählen, hatte er aber auch nicht wahnsinnig viel Auswahl. Harte Macht, oder wie es in Diplomatie und internationaler Politik heute heißt: *hard power*, ist damals alles andere als ein weibliches Metier. Neben Zenobias beinahe geglückter Unterwerfung des östlichen Imperiums gibt es kaum eine Handvoll vergleichbarer Fälle in den mehr als zweitausend Jahren römischer Geschichte, die da wären:

- Die eingangs erwähnte Kleopatra, die neben knallharter Machtpolitik auch jede Menge *soft power* einsetzt: Vor Marcus Antonius hat sie bekanntlich schon Julius Cäsar um den Finger gewickelt und sogar einen Sohn mit ihm. Cäsars einziger leiblicher Sohn übrigens, anders als Octavian, der von ihm adoptiert wird.
- Boudicca, eine keltische Fürstentochter, die allerdings eher im englischsprachigen Raum ein Begriff ist und den Römern etwa zweihundert Jahre vor Zenobia das Leben in Britannien schwer macht, marodierend durch die Provinz zieht und reihenweise Städte, darunter auch *Londinium*, das spätere London, niederbrennt.

Heute mögen Frauen wie Boudicca und Zenobia *role models* sein. Damals sind sie eher abschreckende Beispiele – und werden von den Historiografen im Zweifel noch ordentlich überzeichnet, damit sie umso mehr als absolute Ausnahmeerscheinungen rüberkommen. Als nichts, dem es sich damals nachzustreben lohnt. Denn das ist nicht die Rolle, die die römische Gesellschaft ihren Frauen zugestehen will. Schon gar nicht am oberen Ende der sozialen Skala. Aber was *ist* die Rolle?

Der Sage nach beginnt Roms Geschichte als reiner Männerverein. Um überhaupt an Untertanen zu gelangen, erklärt ihr legendärer Gründer Romulus (siehe Caput XI) die Stadt zu einem sicheren Hafen für alle, die anderswo keine Perspektive haben. Verbrecher, Abenteurer, Glücksritter – so etwas halt. Dass eine solche Stadtgesellschaft nicht sonderlich zukunftsfähig ist, ist aber auch ihrem König klar.

Also machen Romulus und seine Mannen sich auf, dem benachbarten Volk der Sabiner die Frauen zu rauben. Klingt etwas irre, ist jedoch zu der Zeit tatsächlich keine vollkommen unbekannte Praxis. Den Sabinern gefällt das trotzdem nicht, sie starten einen Gegenbesuch. Dass sich die beiden Heere nicht gegenseitig abschlachten, ist am Ende der Vermittlung der sabinischen Frauen zwischen ihren Vätern und Brüdern auf der einen, den mehr oder minder frei gewählten Ehemännern auf der anderen Seite zu verdanken.

Auch wenn das Allermeiste davon ins Reich der Mythen gehören dürfte, etablierte es schon früh die römische Vorstellung von der perfekten Frau: als Katalysator, als Stimme der Vernunft, als Spenderin des sozialen Klebstoffes. Das zieht sich mehr oder minder so durch die römische Geschichte. Tatsache ist, dass wir heute nur relativ wenige Biografien von Frauen aus dem alten Rom kennen. Und die sind ausnahmslos von Männern erzählt – und fast immer mit der Intention, durch diese Geschichten das Rollenverständnis zu zementieren. Die römische Frau, sie hat – zumindest in den Augen der Männer – *fides, pudicitia* und *modestia* zu verkörpern: Treue, Keuschheit und Bescheidenheit. Dazu noch Häuslichkeit, ist es doch die Frau, die den Haushalt führt. Allerdings, ganz wichtig, müssen wir hier zwischen Frauen, Frauen und Frauen unterscheiden. Denn das eben beschriebene Ideal? Es gilt

SEMPER VERBA RECTA

EINEN MANN LIEBEN, WIE EINE FRAU WEINEN

Wer die *Historia Augusta* wann geschrieben hat? Unklar. Es muss später als 284 n. Chr. sein, denn bis hierhin reichen die Kaiserviten, von denen darin berichtet wird. Es muss früher als 485 n. Chr. sein, da in diesem Jahr erstmals ausgiebig an anderer Stelle daraus zitiert wird. Doch nicht nur der Ursprung ist mindestens unklar, auch die Verlässlichkeit des Inhaltes. Was aber mehr als plausibel ist: die Beschreibung der Reaktion Hadrians, als Antinoos im Nil ertrinkt: **MULIEBRITER FLEVIT** – er weinte wie eine Frau. Der Kaiser. Ja, wirklich. Antinoos war eben nicht irgendwer, er war Hadrians Geliebter. Homoerotische Beziehungen waren in Rom nämlich selten ein echtes Problem, solange man sich an gewisse Gepflogenheiten hielt. Etwa sich als aktiven, als dominanten Teil der Beziehung präsentieren. Die passive Rolle? Schwieriger, das blieb zwar straffrei, konnte aber mit sozialer Ächtung einhergehen. Insofern: am besten eine Partnerschaft suchen, die ohnehin nicht auf Augenhöhe ist. Etwa Kaiser hier, ein knapp vierzig Jahre jüngerer Knabe dort. Oder man hatte Glück und war Frau oder Sklave (oder beides): deren gleichgeschlechtliche Beziehungen wurden meistenteils kaum ernst genommen, folglich auch kaum bewertet, geschweige denn verurteilt. Wenig überraschend schwand diese Liberalität mit dem Aufstieg des Christentums: Homosexualität galt bald als Sünde, als Verbrechen, wurde in Europa bis ins 20. Jahrhundert strafrechtlich verfolgt – und wird es mancherorts bis heute.

vor allem für die Frauen der oberen Gesellschaftsschicht. Die Gattinnen der *mover* und *shaker*, also Frauen, die eine gewisse öffentliche Sichtbarkeit haben und daher umso mehr den Erwartungen entsprechen sollen – erst recht in augusteischer Zeit, also im beginnenden Kaisertum, wo die Besinnung auf die Familie samt dazugehörender Werte als Renaissance von Moral und Tugendhaf-

BONVM SCIRE

REICH MIR DIE HAND

Eine Ehe ist eine Ehe ist eine Ehe? Dass es heutzutage eigentlich nur noch zwei Arten zu heiraten gibt, standesamtlich und kirchlich, würde Römerinnen und Römer erstaunt haben. Für sie existierte eine Vielzahl unterschiedlicher Formen, abhängig etwa vom sozialen Status, aber auch vom angestrebten Partnerschaftsverhältnis. Bis in die Spätzeit der Republik herrschten – einigermaßen gleichgestellte Familienhintergründe vorausgesetzt – vor allem zwei Formen vor: mit oder ohne Hand. *Cum manu* bedeutete für die Frau, dass sie aus der eigenen Familie ausschied und **TEIL DER FAMILIE** des Gatten wurde. Ihr, nicht übertrieben, Herr und Gebieter war fortan nicht mehr ihr Vater, sondern der Ehemann, dem sie rechtlich unterstellt war. Sie besaß keinerlei Eigentumsrechte; was immer sie an Besitz in die Ehe brachte, ging an den Mann über. Scheidung? Unbekannt. Unabhängigkeit konnte eine Frau erst wieder nach dem Tod des Mannes erlangen. Gingen die beiden hingegen eine Partnerschaft *sine manu* ein, behielt die Frau ihren Besitz und blieb juristisch Teil ihrer eigenen Familie und dem eigenen Vater unterstellt. Bei alledem ging es natürlich knallhart um Besitz und Einfluss. Zumindest in der römischen Oberschicht waren Hochzeiten, wie auch noch bis vor hundert Jahren in den Adelshäusern Europas üblich, reine Machtpolitik. Liebe? Kein Kriterium! Ein Ausdruck von Emanzipation? Schwer zu sagen, aber feststeht: Mit der Zeit geriet die Ehe *cum manu* zunehmend aus der Mode und verschwand mit dem beginnenden Kaisertum schließlich komplett.

tigkeit verkauft wird (und in Wahrheit vor allem ein Instrument des Herrschers ist, um den gesellschaftlichen Diskurs zu entpolitisieren und ins Private zu lenken. Aber das nur am Rande, siehe Caput VIII).

Trotzdem gibt es in diesen Sphären über die Jahrhunderte hinweg doch einige Frauen, denen es gelingt, einerseits wie gesellschaftlich erwartet in der zweiten Reihe zu stehen, andererseits von dort aus gehörig Macht auszuüben. Durch das Knüpfen komplizierter Beziehungsgeflechte, durch Intrigen, durch kluge Heiratsstrategien: *soft power* eben. Augustus' eigene Frau Livia Drusilla (58 v. Chr. bis 29 n. Chr.) ist meisterhaft darin, ebenso Agrippina die Jüngere (15 bis 59 n. Chr.), Neros Mutter, um nur zwei Namen solcher *feminae* zu nennen, also Frauen von einem gewissen gesellschaftlichen Rang.

Aber diese repräsentieren natürlich nicht die Masse der weiblichen Bevölkerung. Die teilt sich vielmehr in drei große Gruppen: die *mulieres*, Frauen, insbesondere Ehefrauen, aus der einfachen Bevölkerung; *libertae*, also freigelassene Sklavinnen, die zumindest die theoretische Chance haben, sich auf ein ähnliches Level wie eine *mulier* hochzuarbeiten; und schließlich die *ancillae*, die Sklavinnen.

Interessant, aber vielleicht nicht überraschend: Je weiter man die soziale Leiter hinunterschaut, desto mehr sinken die moralischen Erwartungen an eine Frau. Vielleicht überraschender: Die Möglichkeiten, *hard power*, harte Macht auszuüben, steigen an. Zumindest gilt das für *mulieres* und *libertae*. Berühmt etwa Julia Felix, die einen ganzen Gebäudekomplex in Pompeji ihr Eigen nannte und dort unter anderem eine kleine Thermenanlage unterhielt (siehe Caput XVII).

Reich auf, Reich ab wird es jede Menge solcher *business women* gegeben haben. Powerfrauen, die locker auf Augenhöhe mit ihren männlichen Zeitgenossen agierten. Zwar nicht ganz oben im System, aber zumindest auf lokaler und regionaler Ebene. Dummerweise ist es nicht so einfach, deren Geschichten und Geschichte zu rekonstruieren. Was uns die antiken Autoren hinterlassen haben, ist zwar ohnehin mit sehr viel Vorsicht zu genießen, weil: eigentlich immer subjektiv und interessengeleitet. Aber immerhin kann man sich, legt man unterschiedliche Quel-

BONUM SCIRE

DIE HÄLFTE LIEGT IM DUNKELN

Niemandem, der dieses Buch liest, muss man es erklären: Geschichte ist mehr als Jahreszahlen, mehr als die Genealogie von Königshäusern, mehr als Kriege, Schlachten, Bündnisse oder Bündnisbrüche. Geschichte ist die Gesamtheit der vergangenen menschlichen Erfahrungen. Je weiter der Blick dabei jedoch in die Vergangenheit schweift, desto schwieriger ist es, ihr mehr zu entlocken als eben Jahreszahlen, Herrschernamen, Kriegsschauplätze. Die meisten der antiken Autoren haben uns nicht den Gefallen getan, über das Alltägliche, das vermeintlich Belanglose oder eben über Frauen zu schreiben. Umso findiger muss die moderne Geschichtswissenschaft es anstellen. Zwischen den Zeilen lesen, sich anderer Disziplinen, etwa der Archäologie bedienen oder der Numismatik: Münzfunde unterfüttern, was wir von Zenobias Machtstreben wissen, die Ausgrabungen in Pompeji werfen, richtig gedeutet, ein Schlaglicht auf die wichtige Rolle von Frauen auch hinsichtlich Wirtschaft und Handel. Aber nur – wenn man auch danach sucht: Die Geschichte der Frauen Roms, die immerhin grob **50 PROZENT DER BEVÖLKERUNG** ausmachten, ist erst seit den 1970er-Jahren überhaupt Forschungsgegenstand – und musste sich gegen viele Widerstände und Vorurteile durchsetzen: Amy Richlin, eine der Begründerinnen dieser Disziplin, fragte als junge Studentin ihren Professor, ob es nicht interessant wäre, mehr über die Frauen im alten Rom zu erfahren, und erhielt postwendend eine Abfuhr: Frauen? Das sei etwa so sinnvoll, wie über die Stellung des Hundes in der römischen Gesellschaft zu forschen.

len übereinander, vom einen oder anderen Sachverhalt ein halbwegs realistisches Bild verschaffen. Das funktioniert allerdings nur so lange, wie ein Sachverhalt überhaupt Erwähnung findet. Und einfache *mulieres* oder *libertae*, mögen sie auch noch so sehr als Powerfrauen und *business women* reüssiert haben, kommen in der Literatur so gut wie nicht vor. Möglicherweise, weil sie nicht in die große Erzählung von Roms Dominanz und Herrlichkeit passen? Weil viele von ihnen den moralischen und gesellschaftlichen Erwartungen nicht entsprochen haben? Sicherlich auch, weil das Schicksal der »einfachen Leute« in der Geschichtsschreibung die längste Zeit kaum eine Rolle gespielt hat. Wo die Geschichtswissenschaft an die Grenzen kommt, muss also, wieder mal, die Archäologie einspringen. Die Katastrophe, die zum Untergang Pompejis geführt hat, beendete die Geschäftstätigkeit von Julia Felix abrupt. Dafür erhielt sie der Nachwelt banale Hinweise darauf: In den Besitzungen der Julia Felix, Tochter des Spurius, sind Räumlichkeiten für gehobene Ansprüche mit verschiedenen Läden, Zimmern und Räumen im Obergeschoss ab dem kommenden 13. August für fünf zusammenhängende Jahre zu vermieten, sagt sinngemäß eine Werbetafel an der Fassade ihres Hauses. Ohne Vulkanausbruch wüsste die Nachwelt davon nichts.

Eine gewisse Bandbreite steht aber zumindest zum Thema *role models* aus der Antike zur Verfügung: Von der Unternehmerin in der Provinzstadt über die Strippenzieherinnen im Kaiserpalast bis zu Zenobia, die das wankende Weltreich um ein Haar zum Straucheln gebracht hätte.

CAPUT XVI

CHECKS AND BALANCES AUF DER EHRENRUNDE

EINE REPUBLIK, DIE VOM EIGENEN ERFOLG GEFRESSEN WURDE

Das Jahr 458 v. Chr. hätte durchaus eines der düstereren in der Geschichte Roms werden können, oder schlimmstenfalls: das letzte. Damals ist die Stadt weit davon entfernt, Mittelpunkt eines Weltreiches zu sein. Sie ist bestenfalls eine mittelitalienische Regionalmacht, die kaum mehr Land beherrscht als die malariageplagten Tibersümpfe, die sie umgeben. Doch die Ambitionen sind groß, entsprechend liegen die Römer quasi pausenlos im Krieg mit dem einen oder anderen Nachbarn. Da wären zum Beispiel die Aequer, die in den Bergen östlich Roms beheimatet sind. Das Verhältnis ist, freundlich gesagt, angespannt. Mal dringen römische Legionen ins aequische Siedlungsgebiet ein, mal geht es andersherum. Ein ständiger Konfliktherd, eine ständige Bedrohung. Erst im Vorjahr haben aequische Krieger Tusculum besetzt, eine Stadt etwa zwanzig Kilometer von Rom entfernt und dessen Bundesgenossin. Rom sendet eine Armee aus, kann die Aequer vertreiben und verhandelt einen Waffenstillstand. Doch der wird nicht lange eingehalten. 458 v. Chr. stehen die Aequer erneut vor den Mauern Tusculums, erneut werden Legionen zum Entsatz der Stadt ausgesandt. Doch diesmal sind die Heerführer, die beiden amtierenden Konsuln, weniger erfolgreich. Im Gegenteil: Den Aequern gelingt es, eines der Heere einzukesseln. Als die Nachricht der drohenden Niederlage Rom erreicht, bricht nachgerade Panik aus. Der Senat beratschlagt fieberhaft, was zu tun sei, um die junge Republik aus dieser Krisensituation zu führen.

Nur ein einziger Mann fällt ihnen ein, der das Format hätte, das Blatt noch einmal herumzureißen. Lucius Quinctius Cincinnatus (519 bis 430 v. Chr.) hat schon einmal das höchste Staatsamt, das Konsulat, bekleidet. Mit seinen mehr als sechzig Lenzen hat er der aktiven Politik jedoch längst den Rücken gekehrt, sich auf sein kleines Landgut zurückgezogen, wo er seinen Lebensherbst selbstgenügsam mit Feldarbeit verbringt.

Dort findet ihn auch die kleine Abordnung vor, die der Senat ausgesandt hat. »Ist alles in Ordnung?«, fragt Cincinnatus die ehemaligen Kollegen verwundert. Diese antworten, sie würden zumindest hoffen, dass bald alles wieder in Ordnung ist. Das würde aber von ihm, Cincinnatus, abhängen. Und ob er wohl, dem Anlass entsprechend, seine Toga anziehen könne, ehe man das Ansinnen des Senats überbringe. Als der Mann schließlich standesgemäß in das etwa vier Meter lange Wolltuch mit dem Purpurstreifen, welcher seinen Träger als Amtsinhaber auszeichnet, gewickelt ist, lassen die Senatoren die Bombe platzen: Die Stadt sei unmittelbar bedroht. Besondere Umstände erforderten besondere Maßnahmen, und man habe beschlossen, Cincinnatus zum Diktator zu ernennen. Das heißt mehr oder minder zum unbeschränkten Alleinherrscher für die nächsten sechs Monate (danach müsste das Mandat vom Senat erneuert werden oder würde automatisch erlöschen).

Cincinnatus muss nicht lange nachdenken. Er nimmt das Amt, den Auftrag, die Verantwortung an, setzt sich an die Spitze eines weiteren, auf die Schnelle aufgestellten Heeres, marschiert los – und umringt wiederum die Aequer, die ja eines der römischen Heere eingekesselt haben. Die Aequer erkennen die Ausweglosigkeit ihrer Lage, ergeben sich, werden von Cincinnatus aber verschont und nach Hause geschickt, nachdem sie sich Rom unterworfen haben. Cincinnatus löst das Heer auf, gibt seine Machtbefugnisse als Diktator nach kaum mehr als zwei Wochen wieder ab und kehrt auf seinen Bauernhof zurück, als wäre nichts gewesen. Dort verbringt er den Rest seines Lebens, bis er im hohen Alter von fast neunzig Jahren stirbt. Dass Cincinnatus heute nicht vergessen ist, liegt weniger an seinem militärischen Triumph.

Erfolgreiche Feldherren, gewiefte Generäle, geniale Heerführer? Hat Rom in seiner langen Geschichte viele gesehen. Männer, die sich durch Selbstlosigkeit, Pflichterfüllung und Bescheidenheit hervortun? Eher weniger. Freiwillig von der Diktatur zurücktreten, und das auch noch Monate früher als gesetzlich vorgeschrieben, das hat Seltenheitswert, das hat Cincinnatus schon bei seinen Zeitgenossen und lange darüber hinaus zu einem viel beschworenen Vorbild, zum *role model* gemacht.

Dabei ist das auf Gewaltenteilung ausgelegte System der *checks and balances*, das die Römische Republik, die *res publica*, kennzeichnet, gar nicht von der Integrität seiner Amtsträger abhängig. Nach den zum Teil eher unangenehmen Erfahrungen, die man in der Monarchie der Anfangszeit gemacht hat, ist es extra so angelegt worden, dass sich niemals wieder jemand unkontrolliert zur Alleinherrschaft aufschwingen kann. Diktator? Das ist ohnehin nur etwas für besondere Ausnahmesituationen – und kommt ansonsten im *cursus honorum* nicht vor. Der *cursus honorum*, wörtlich der Kurs der Ehren, ist die Ämterlaufbahn, die man in Rom durchläuft, wenn man in der Politik und in der Verwaltung mitgestalten will. Auch wenn sich ihre genaue Ausformung über die Jahrhunderte verändert hat, folgt die Laufbahn immer einem ähnlichen Muster:

Dem Einstieg in den eigentlichen cursus geht entweder eine Anstellung als Militärtribun oder als einer der *Vigintisexviri* voraus, einem Kreis von 26 Verwaltungsbeamten. Erst danach kann die erste Stufe als Quästor erklommen werden. Als Quästor ist man mit Finanzfragen befasst. Danach folgt das Amt des Ädilen, der sich unter anderem um Straßen und Märkte sowie um die Wasserversorgung kümmert (siehe Caput V). Weiter geht es als Prätor, was eine Art oberster Richter ist – der zudem dazu qualifiziert ist, ein Heer zu befehligen sowie Volks- und Senatsversammlungen einzuberufen. So ähnlich kann man das auch im höchsten Amt, dem Konsulat. Wer alle oder zumindest einen Teil dieser Stationen durchlaufen hat, kann zudem in den Senat berufen werden. Dort sitzt man dann lebenslang. Die Ämter des *cursus* hingegen sind zeitlich befristet – und zwar deutlich. Heutige Mandatsträgerinnen und -träger beklagen sich zuweilen, dass sich in einer einzigen Legislatur – beziehungsweise ab dem Moment, wo sich gegebenenfalls eine Regierungsmehrheit gefunden hat, bis zu jenem, wo der nächste Wahlkampf schon wieder beginnt – vieles kaum anschieben, geschweige denn umsetzen ließe. Das ist nichts im Vergleich zu den Verhältnissen im alten Rom, denn hier bleibt den Magistraten gerade mal ein einziges Jahr im Amt. Nur für diesen Zeitraum ist man gewählt. Und damit kein Konsul, nicht einmal ein Quästor irgendetwas unkontrolliert und im Alleingang durchzieht, sind die Ämter in der Regel doppelt besetzt (Ädilen gibt es sogar vier). Nach Ablauf dieses Jahres kann man sich zwar erneut zur Wahl stellen – allerdings mit Einschränkungen: Ein Konsul beispielsweise darf erst nach Ablauf von zehn Jahren erneut Konsul werden, eine effektive Maßnahme, um dauerhaften Machtmissbrauch zu verhindern – die allerdings damals schon Angriffe aushalten muss. Nicht zuletzt von Gaius Julius Cäsar, der sich selbst schließlich zum Diktator auf Lebenszeit macht und damit das autokratische Verhalten manches heutigen Machthabers vorwegnimmt, der per Verfassungsänderung die eigene Verweildauer in Amt und Würden perpetuiert.

Der *cursus honorum* ist nicht nur das Karrieresprungbrett für ambitionierte Römer (nicht für Römer*innen*, Frauen kommen hier natürlich nicht vor, siehe Caput XV), es ist auch der historische Beginn des Repräsentationsprinzips, eines der Grundpfeiler unserer modernen Demokratie: Das Volk als Souverän wählt seine Repräsentanten, die es damit beauftragt, quasi für es und in dessen Namen das Gemeinwohl zu führen und zu verwalten. Revolutionär und wegweisend – wenn auch, aus heutiger Sicht, noch mit einigen Schönheitsfehlern behaftet: Nicht nur können nur Männer gewählt werden, es können auch nur Männer wählen (zur Ehrenrettung: ein Frauenwahlrecht gibt es auch in Deutschland erst

BONUM SCIRE

WER DIE WAHL HAT, WIRD UMWORBEN

Selbst nachdem Rom mit Augustus' Thronbesteigung quasi zur Monarchie geworden war, gab es weiterhin demokratische Elemente, vor allem in der Lokalpolitik, wo – in unterschiedlicher Ausprägung – Varianten des *cursus honorum* bestanden: Jede Stadtverwaltung brauchte schließlich ihre eigenen Beamten und konnte sich nicht für jede Entscheidung an Rom wenden. Entsprechend wurde auch Wahlkampf gemacht. Natürlich nicht wie heute, wo vor jedem Urnengang die Straßen mit Plakaten nachgerade zugekleistert sind. Aber doch schon so ähnlich – und ähnlich beliebig in seiner inhaltlichen Aussagekraft. Darauf deuten jedenfalls viele der Graffiti hin, die man mittlerweile in Pompeji und Herculaneum freigelegt hat und die glücklicherweise (jedenfalls aus Perspektive der Nachwelt) durch den Vesuvausbruch im Jahr 79 n. Chr. von einem Tag auf den anderen konserviert wurden. Da findet man dann so Sachen wie den Aufruf eines Vesonius Primus, der wirbt »für die Wahl von **GAIUS GAVIUS RUFUS ALS DUUMVIR.** Ein Mann der die Interessen des Gemeinwesens vertreten wird.« Primus insistiert geradezu: »Ich bitte euch!« Ob der Appell gefruchtet hat? Die Wahl zum Duumviren, eine Art Bürgermeister, aber – wie viele der römischen Ämter – im Tandem besetzt, dürfte nicht mehr stattgefunden haben. Siehe oben: Vulkanausbruch.

seit ein bisschen mehr als hundert Jahren). Und zwar Männer, die freie Römer sind. Also keine Sklaven (siehe Caput XII), niemand, der vielleicht frei sein mag, aber kein Bürgerrecht besitzt. Oder kein Vermögen. Die Masse des Volkes ist tatsächlich weitgehend von alledem ausgenommen. Immerhin erarbeitet sie sich mit der

BONUM SCIRE

EINSPRUCH, EUER EHREN!

Es kann wirklich nerven: Egal, ob in EU-Verhandlungen oder wenn ein Votum des UN-Sicherheitsrates gefragt ist – regelmäßig scheitern wichtige Entscheidungen am Vetorecht einzelner Beteiligter. Auf europäischer Ebene geht das inzwischen so weit, dass die Stimmen längst immer lauter und häufiger werden, die sich für eine Abschaffung dieser Möglichkeit starkmachen, um den Staatenbund überhaupt handlungs- und reaktionsfähig zu halten. Problem natürlich: Um eine derart grundlegende Veränderung herbeizuführen, bräuchte es vermutlich Einstimmigkeit. Da dürfte dann niemand mit seinem Veto blockieren. Ein Teufelskreis! Auch wenn **DAS PRINZIP DES VETORECHTS** in jüngerer Vergangenheit eher schlechte Presse hat, ist es grundsätzlich eine gute Idee, ein sinnvoller Baustein in einem gut austarierten System der *checks and balances* – und, natürlich, eine römische Erfindung! Das Vetorecht, damals noch als *intercessio*, als Dazwischentreten eingeführt, stand einzig den Volkstribunen zu. Diese vertraten quasi zum Ausgleich dafür, dass die Mehrheit der römischen Bevölkerung – Demokratie hin oder her – eben nicht direkt an den politischen Prozessen beteiligt war, zumindest deren Interessen gegenüber dem Staat. Das Recht zur *intercessio* war dabei ein wichtiges Instrument, eine Art Notbremse. Allerdings haben es nicht erst die ständigen Mitglieder des Sicherheitsrates oder der eine oder andere EU-Mitgliedsstaat verstanden, dieses Instrument weniger für die Interessen des Gemeinwohls als vielmehr für die ureigenen einzusetzen. Das ist auch schon manchem Volkstribun eingefallen.

Zeit eine eigene Vertretung: Die Volkstribune stehen zwar außerhalb des *cursus honorum* und haben keine direkten Verwaltungsaufgaben. Aber sie haben die Autorität, politische Entscheidungen zu beeinflussen oder gar qua Vetorecht zu verhindern.

Auch wenn es über die Jahrhunderte immer mal wieder knirscht in diesem Getriebe, funktionieren Politik und Verwaltung (das ist damals tatsächlich kaum trennscharf voneinander abzugrenzen) erstaunlich stabil. Nicht, weil nur selbstlose Idealisten wie Cincinnatus den *cursus* durchlaufen würden. Sondern weil das System von *checks and balances* sich gut selbst reguliert.

Erst mit dem Ausgreifen zur Weltmacht gerät dieses System in eine Krise, die es nicht mehr überwinden kann: Cäsars Nachfolger Octavian bezeichnet sich zeitlebens als Retter der Republik – in die Geschichte eingegangen ist er dennoch als Kaiser Augustus (siehe Caput VIII). Beinahe schon zynisch: Augustus übernimmt selbst die tribunizische Gewalt, also die Befugnisse, die bisher den gewählten Volkstribunen zukommen. Ein Alleinherrscher, der sich als Volkstribun versteht, beziehungsweise ein vermeintlicher Volkstribun, der sich zur Alleinherrschaft aufschwingen will: klingt bedrückend modern.

Unter Augustus und seinen Nachfolgern existiert der *cursus* zwar weiter. Klar, auch eine Monarchie braucht eine Verwaltung. Aber viele der Ämter – und deren Besetzung – sind nun vom kaiserlichen Wohlwollen abhängig. Und dennoch: Im alten Rom ist etwas entstanden, von dem moderne Demokratien bis heute zehren. »Wer begreift, wie Römer Politik machen«, konstatiert der italienische Staatsphilosoph Niccolò Machiavelli (1469 bis 1527) schon vor mehr als fünfhundert Jahren, »versteht, was Politik ist.« Das Repräsentationsprinzip, die strenge Befristung von Mandaten, teilweise die »Doppelspitzen«, die Alleingänge verhindern helfen, ja, selbst die Nomenklatur haben wir übernommen: Einen Senat findet man heute noch zum Beispiel in Frankreich und in Mexiko, in Brasilien und Irland, natürlich auch in den USA. Dort tagt das Gremium sogar im Kapitol, benannt nach dem *mons Capitolinus*, einem der sieben Hügel Roms, wo sich das religiöse Machtzentrum befand, wo Konsuln ihr Amt antraten und Triumphzüge erfolgreicher Feldherren endeten. Quästoren gibt es noch immer in der italienischen Finanzver-

NVMERI PLACENT

VOM GEMEINWOHL ZUM GEMEINPLATZ?

Die Demokratie wurde nicht in Rom erfunden, dort hat man sie nur übernommen und weiterentwickelt. Ihren Ursprung hat sie in Athen, also in Griechenland. Daher der griechische Name: *demos* ist das Volk, *kratos* die Herrschaft. Auch wenn man in Athen noch sehr weit davon entfernt war, wirklich das gesamte Volk an der Macht teilhaben zu lassen. Aber immerhin, es waren schon deutlich mehr Menschen als dort, wo Könige oder Fürsten das Sagen hatten. Wie anfangs in Rom. Das wechselte erst nach der legendären Vertreibung des letzten Etruskerkönigs Lucius Tarquinius (etwa 585 bis 495 v. Chr.) – genannt Superbus, der Hochmütige – ins Team Volksherrschaft. Es wird also zur Republik. Oder etwa nicht? Die *res publica*, wörtlich: die öffentliche Sache, ist im Verständnis der Römerinnen und Römer das Gemeinwohl. Der Staat, in dem sie leben – demokratisch oder nicht: Auch nachdem Augustus die *res publica* gekapert und faktisch wieder zur Monarchie gemacht hat, bleibt der Begriff bestehen. Erst in unserem modernen Verständnis bedingen Demokratie und Republik einander. So sehr, dass **MEHR ALS 130 STAATEN DER ERDE**, also gute zwei Drittel, den Begriff Republik sogar im offiziellen Titel führen – von A wie Islamische Republik Afghanistan bis Z wie Republik Zypern. Fußnote: Über den Zustand der jeweiligen Demokratie sagt das im Übrigen nur wenig aus. Auch Nordkorea ist eine Republik. Umgekehrt funktionieren Parlamentarismus und Pluralismus auch in Königreichen, siehe zum Beispiel Großbritannien oder Dänemark.

waltung. Konsuln sind zwar nicht mehr die höchsten Würdenträger eines Staates, aber deren Repräsentanten im Ausland.

Fußnote: Auch der Zweiwochendiktator aus dem Krieg gegen die Aequer hat in der Neuzeit namentliche Unsterblichkeit erfahren: In der *Society of the Cincinnati* organisieren sich nach dem amerikanischen Unabhängigkeitskrieg Offiziere der Kontinentalarmee George Washingtons und verpflichten sich den Idealen des römischen Vorbilds. Dieser Orden wiederum wird zur Namensgeberin der Großstadt Cincinnati. Und noch in jüngster Vergangenheit wird Cincinnatus gern hervorgeholt, wenn mitunter auch arg zurechtgebogen. Bei seiner Abschiedsrede als britischer Premierminister erklärt Boris Johnson im Herbst 2022: er werde nunmehr »wie Cincinnatus zu meinem Pflug zurückkehren«. Dass Johnson zum Rücktritt gezwungen wurde und nicht freiwillig ging, vermutlich niemals freiwillig gegangen wäre? Ach, das sind doch Spitzfindigkeiten …

CAPUT XVII

KÖRPER FRISCH, DER GEIST GEPFLEGT

VON BOMBASTISCHEN BÄDERN UND KONVERSATIONEN AUF DEM KLO

Es sind nur wenige Schritte von Stazione Termini, Roms Hauptbahnhof, einmal über die Piazza dei Cinquecento, dann die Viale Luigi Einaudi runter, schon steht man andächtig vor dem Portal der Santa Maria degli Angeli e dei Martiri. Die Kirche ist das letzte Werk Michelangelos – welches der Mann allerdings nicht mehr vollenden konnte: Bei Baubeginn im Jahr 1563 war er bereits 88 Jahre alt, nur wenige Monate später starb er. Einer seiner Schüler übernahm die Bauleitung. Besonders ist das Gotteshaus allerdings weniger, weil es das Spätbeziehungsweise Spätestwerk eines der größten Künstler der italienischen Renaissance ist – sondern weil es in gewisser Weise vorwegnimmt, was die Architektur bis heute immer wieder versucht: Alt und neu zu vereinen, Brücken zwischen den Epochen zu schlagen oder schlicht nachhaltig zu bauen (siehe Caput XIV): Santa Maria degli Angeli e dei Martiri steht inmitten der Ruinen und übernimmt viele Elemente, etwa Säulen und Mauern, der Diokletiansthermen, die sich einst an ebendieser Stelle befanden – damals nicht nur das größte Bad Roms, nein, das größte Bad der Welt. Die ursprünglichen Ausmaße der Diokletiansthermen beeindrucken heute noch, auch wenn es einigermaßen Vorstellungsvermögen braucht, um zu erahnen, wie es hier mal ausgesehen haben mag. Die gesamte Anlage maß ursprünglich 376 mal 361 Meter und bedeckte insgesamt mehr als 13 Hektar – das entspricht rund 18 Fußballfeldern. Für den Bau, der von 298 bis 306 n. Chr. dauerte, sind rund 40 000 Sklaven im Einsatz gewesen (siehe Caput XII). Das ausgeklügelte Heizungssystem hält die gigantische Konstruktion selbst im Winter in weiten Teilen angenehm fußwarm. Allein um das *caldarium* auf den gewünschten gut vierzig Grad Raumtemperatur zu halten, werden zehn Tonnen Holz verfeuert – an jedem einzelnen Tag, 365 Tage im Jahr: Das System ist zwar ausgeklügelt. Aber so träge, dass es nicht möglich wäre, die Anlage mit ihren Dutzenden von Öfen über Nacht runterzufahren.

SEMPER VERBA RECTA

BETEN SCHLÄGT TRAINIEREN

Der japanische Sportartikelhersteller ASICS besinnt sich ganz auf klassische Werte, der Firmenname ist die Abkürzung für *anima sana in corpore sano* – eine gesunde Seele in einem gesunden Körper. Die Worte entstammen einem Text des Satirikers Decimus Junius Juvenalis, kurz Juvenal. Dort heißt es allerdings **MENS SANA IN CORPORE SANO** – was, zugegeben, als Abkürzung weniger leicht über die Lippen geht: MSICS? Klingt nach Programmiersprache, ist tatsächlich das Kürzel für eine besondere Art der Augenoperation. Aber das nur am Rand. Viel interessanter an dieser Stelle: die Frage, ob die Japaner hier nicht, neben der kleinen, aber feinen Wortänderung, einem großen Missverständnis aufgesessen sind. Juvenal ist Satiriker, nicht Sportphysiologe. An der entsprechenden Stelle seiner Satire Nummer 10 verhandelt er etwas ganz anderes: Wenn man schon die Götter um Beistand bittet, was sollte dieser dann idealerweise bewirken – mehr Geld, mehr Macht, wohlgeratene Kinder? Alles falsch, sagt Juvenal, das Einzige, wofür es sich zu beten lohne, sei der gesunde Geist im gesunden Körper. Er sagt nicht, dass die beiden einander bedingen würden. Das hat erst die Nachwelt daraus gemacht, unter anderem durch Verkürzung des Zitates. Zur Ehrenrettung von ASICS: Die Formel findet sich bis heute als Motto zahlreicher Sportvereine, Schulen und Militärakademien.

Mehr als zweihundert Jahre ist der Ort – übrigens nur einer von insgesamt elf solcher Thermenpaläste, die bis ins 4. Jahrhundert n. Chr. in Rom errichtet werden – in Betrieb. Dieser endet erst, als Rom, das zwischenzeitlich von den Truppen Ostroms erobert worden ist, von den Goten belagert wird. Die versuchen, die Verteidiger zur Aufgabe zu zwingen, indem sie sämtliche Aquädukte zerstören oder blockieren, die die Stadt mit Wasser aus dem Umland versorgen (siehe Caput V). Bis dahin aber, und vor allem in den ersten Jahrzehnten ihrer Nutzung, avancieren die Diokletiansthermen zu einem Tempel der römischen Badekultur. Bis zu dreitausend Besucherinnen und Besucher sollen sie täglich angelockt haben, die hier dem meist tagesfüllenden Programm aus Körperhygiene, Wellness und sozialem Austausch frönen.

Lange hat die Forschung geglaubt, es hätte einen vordefinierten Ablauf für einen solchen Thermenbesuch gegeben. Inzwischen ist klar: Nein, am Ende entscheidet – wie heute auch – jeder Badegast selbst. Nur eines ist sicher, man beginnt seinen Besuch im *Apodyterium*, dem Auskleideraum. Fußnote: Tatsächlich *Aus*kleiden, nicht wie heute *Um*kleiden. Weibliche Gäste tragen zwar meist leichte, bikiniartige Badekleidung. Die Männer aber bewegen sich weitgehend hüllenlos durch die Thermen. Erst ab der späteren Kaiserzeit werden die Stimmen der Moralapostel laut genug, sodass man sich zumindest zwischenzeitlich ein Badetuch um die Lenden wirft. Auch nimmt die Geschlechtertrennung mit der Zeit zu: Es gibt fest zugeordnete Badetage, es gibt teilweise sogar geschlechtsspezifische Badeorte.

Fachgerecht entkleidet, kann man sich zunächst in die *palaestra* begeben, eine Art Sportplatz, um sich per Ballspiel oder Ringkampf ein wenig auszupowern. Danach steht eine Reihe unterschiedlicher Räume zur Auswahl, die sich vor allem durch ihr Klima unterscheiden – vom maximal beheizten *sudatorium*, dem Schwitzraum, einer heutigen Sauna nicht unähnlich, über das *caldarium*, das Warmbad, und das *tepidarium*, das nur mäßig warme Bad, bis zum *frigidarium*, dem Kaltbad. *Funfact*: Auch wenn die Namen es vermuten lassen, gibt es nicht in jedem die-

BONUM SCIRE

DER SCHEIN DES REINEN

Es gibt unterschiedlichste Gründe, öffentliche Schwimmbäder zu meiden. Zum Beispiel, weil man das gechlorte Wasser unangenehm findet oder nicht verträgt. Nachvollziehbar, aber dennoch relativ alternativlos: Selbst die bestgeduschten Badegäste bringen Abermillionen Bakterien, Pilze und andere Mikroorganismen mit ins Becken. Würde das Wasser darin nicht fortwährend desinfiziert, die Infektionsgefahr wäre erheblich. Über das Wirken solcher Mikroorganismen wusste man nichts in römischer Zeit. Hätte jeder Thermenbesuch aber mit Fußpilz und Magen-Darm-Infekt geendet, wäre die Badekultur jedoch gewiss nicht derart beliebt gewesen. Dass das Ganze hygienisch grenzwertig sein könnte, ist trotzdem schon manchem Zeitgenossen aufgefallen. In seinen Selbstbetrachtungen lässt sich Kaiser Marc Aurel (121 bis 180 n. Chr.) geradezu lustvoll aus: »In den Thermen wirst du das Dreckige sehen, das in den Ecken schwimmt, die Fettschicht auf dem Wasser, die vielen schmutzigen Körper, die ohne jede Scham miteinander in Berührung kommen.« Kurz gesagt, wie es an anderer Stelle heißt: **»ALLES WIDERLICHE.«** Nun will der sogenannte Philosophenkaiser (siehe Caput VIII) damit vor allem etwas über die Vergänglichkeit der Dinge schreiben, darüber, dass vieles bei näherer Betrachtung nicht nur banal, sondern nachgerade abstoßend ist. Aber ob der Mann da wirklich viel zuspitzen musste? Das Wasser der Thermen war natürlich *nicht* gechlort, wurde *nicht* ständig erneuert. Und auch die römische Angewohnheit, sich nicht mit Seife zu waschen, sondern einzuölen und das Gemisch aus Öl und Schmutz dann mit einem *strigilis*, einem Schabeisen abzuziehen, macht Aurels Ausführungen eigentlich recht plausibel.

ser Räume überhaupt Wasser. Die Temperaturangabe bezieht sich erst einmal auf das Raumklima. Das eigentliche Baden findet noch am ehesten in den *caldaria* und *frigidaria* statt – in Letzteren vergleichbar den Eisbecken, in die man heutzutage nach dem Saunagang springt, um den Organismus wieder auf Normaltemperatur herunterzuregeln.

Das Wellness- und Entspannungserlebnis, das der ausgiebige Besuch der genannten Räume bietet, kann beliebig erweitert werden. Etwa durch Massagen, die im *tepidarium* angeboten werden. Oder durch die Möglichkeit zur gründlichen Körperreinigung. Nicht mit Seife, nein. Vielmehr ölt man sich ein, um dann mithilfe eines speziellen Schabeisens, der *strigillis*, das Öl samt Schmutz und Schweiß wieder abzuziehen.

Okay, kann man machen, wird heute aber nicht mehr so oft praktiziert. Ansonsten sind die Parallelen zwischen den prächtigen Kaiserthermen wie denen Diokletians oder jenen Caracallas – in ihren Überresten noch deutlich imposanter – mit den Wellness-Tempeln und Spaßbädern des 21. Jahrhunderts mit ihren unzähligen Wasserrutschen, Whirlpools, Saunalandschaften, Fitnessräumen, Beauty-Angeboten kaum zu übersehen.

Auch wenn die modernen Versionen in mancherlei Hinsicht am Ende nur ein schwacher Abklatsch sind. Erstens: Viele der Thermenanlagen des alten Roms stehen den prächtigsten Tempeln und Palästen in ihrer Bauqualität kaum nach. Ausgeklügelte Bewässerungs- und Heizungssysteme, klar, aber auch das Material: nur vom Feinsten, als würde man für die Ewigkeit bauen. Als Michelangelo das *tepidarium* der Diokletiansthermen zum Grundstock seiner Kirche macht, stehen die Säulen dort schon fast 1300 Jahre – und tun es noch heute. Die Spaßbäder der Moderne dürften da längst zerbröselt sein, der Betonkrebs lässt grüßen (siehe Caput XIV). Zweitens dienen die Thermen noch einem ganz anderen Zweck: Wer nach dem Aufenthalt zwischen *sudatorium*, *caldarium*, *tepidarium* und *frigidarium* – oder, wer's mag, andersrum – noch Zeit und Muße hat, begibt sich in einen der weiteren Aufenthaltsräume oder nach draußen, wo man diskutiert, debattiert, auch Vorträgen oder musikalischen Darbietungen lauscht und sich mit einer gastronomischen Kleinigkeit stärkt (siehe Caput XIII). Die soziale Funktion der Thermen ist auf keinen Fall zu unterschätzen, das berichtet unter anderem schon Plinius der Jüngere (etwa 61 bis 113 n. Chr.): »Es ist eine alte römische Gewohnheit, nach dem täglichen Bad für die körperliche Erfrischung auch den Geist zu pflegen und Gespräche über Philosophie, Literatur und Politik zu führen. So wird das Baden zu einer geistigen Erholung genauso wie zu einer körperlichen.« Tatsächlich wird beim Baden Politik gemacht, werden Deals beschlossen und Pläne geschmiedet. Also jedenfalls von denen, die in der Position zum Dealmachen und Pläneschmieden sind. Dem Rest, dem sprichwörtlichen *plebs*, stehen die Anlagen trotzdem genauso zur Verfügung: Die römische Badekultur ist vergleichsweise demokratisch, der Eintritt ist oft sogar frei. Zudem gibt es neben den prachtvollen Kaiserthermen in der Hauptstadt zahllose weitere solcher Einrichtungen, mal als privates Unternehmen (siehe Caput XV), oft auch als kommunale Institution. Und das nicht nur in Rom – sondern bis in die letzten Winkel des Imperiums. Die hoch entwickelte Badekultur dient schließlich auch als sicht- und spürbarer Beleg für die Überlegenheit der römischen Zivilisation (siehe Caput VI). Und während fußläufig zum heutigen Hauptbahnhof möglicherweise schon Jahrhunderte zuvor Weltpolitik verhandelt wird, »als wären die Thermen ein zweites Forum«, wie Juvenal spottet, sind es in den Badehäusern von Aachen und Köln eben entsprechend provinziellere Angelegenheiten. Noch immer erinnern Ruinen, wie etwa in Trier oder Gijón, daran – oder gar die bis heute gebräuchlichen Ortsnamen. Ein paar Beispiele? Baden bei Wien, Baden in der Schweiz, Baden-Baden in Deutschland. Aber ebenso Wiesbaden und auch Aachen, das in römischen Zeiten wahrscheinlich Aquae Granni hieß, die Wässer des Grannus. Des Weiteren: Bath in England, Hammamet in Tunesien (ein arabischer Hamam ist den römischen Thermen nicht unähnlich), Yalova Termal in der Türkei.

Allerdings: Als Plattform für die damals halt noch durch und durch analogen sozialen Netzwerke haben die Thermen kein Alleinstellungsmerkmal. Solange es nicht zu vertraulich ist und die Gespräche daher besser – wie bis heute – bei einem privaten Abendessen geführt werden (siehe Caput XIII), gibt es noch weitere Orte, die sich dafür anbieten. Das Forum natürlich – wenn man dabei von allen gesehen werden möchte. Oder die Toilette. Ja, wirklich.

Das Römische Reich ist, zumindest in den größeren Städten, in Fragen der Wasserversorgung und -entsorgung hochgradig entwickelt (siehe Caput V). Teile von Roms *Cloaca Maxima*, einem der frühesten Abwassersysteme der Welt, dessen Anfänge bis ins 6. Jahrhundert v. Chr. zurückreichen, sind bis heute in Benutzung. Zu diesem System gehören auch die öffentlichen Toiletten. Anders als heute, wo wir es bevorzugen, mindestens sicht-, gern auch geräuschgeschützt unseren Geschäften nachzugehen, ist der Klogang in der römischen Welt eine Gemeinschaftsangelegenheit, ein Gruppenerlebnis. In der Regel handelt es sich bei den Anlagen um große Räume mit langen, umlaufenden Holz- oder Steinbänken, unter denen fortwährend Wasser hindurchfließt. Ressourcenverschwendung? Nicht, wenn man weiß, dass rein rechnerisch beispielsweise jeder Bewohnerin, jedem Bewohner der Stadt Rom mehr als 1000 Liter Frischwasser täglich zur Verfügung stehen. Sparspülung: unnötig. Anstelle von Toilettenpapier greift man zum *tersorium*, einem Schwamm am Stiel, der nach Gebrauch in salz- oder säurehaltigem Wasser gereinigt wird. Hygienisch fragwürdig – definitiv nachhaltig.

Mindestens ebenso wichtig wie für die allgemeine Hygiene, ist die soziale Funktion dieser öffentlichen *latrinae*, in denen teils bis zu achtzig Personen zugleich Platz finden. Hier wird der Austausch gepflegt, es wird diskutiert und debattiert, die aktuelle Weltlage genauso wie der neueste Tratsch aus der Nachbarschaft verhandelt, während man Darm und Blase erleichtert. Übrigens: Unsere heutige vornehme Umschreibung dafür, »das Geschäft verrichten«, soll genau darauf zurückgehen. Schwer zu glau-

SEMPER VERBA RECTA

MÜNZEN UND GERUCHSNOTEN

Die öffentlichen Toiletten waren zumeist an die Wasserversorgung der Städte angeschlossen, die Spülung lief permanent: Eine zivilisatorische Errungenschaft, die ihresgleichen suchte. Trotzdem heißt das nicht, dass jeder Mensch jederzeit eine *latrina* so fußläufig erreichen konnte, dass es für die dringendsten Geschäfte reicht. Der Nachttopf war auch aus römischen Haushalten nicht wegzudenken. Zuweilen erleichterte man sich aber auch noch an anderer Stelle: Da Urin in der Lederverarbeitung ein wichtiger Rohstoff war, stellten viele Gerber Amphoren auf, in die man pinkeln konnte. Ein *Win-win* sozusagen. Kaiser Vespasian (9 bis 79 n. Chr.) versuchte, daraus ein *Win-win-win* zu machen: Da sein Vorgänger Nero ihm nicht nur leere Kassen, sondern obendrauf eine bemerkenswerte Staatsverschuldung hinterlassen hatte, war der Kaiser auf der Suche nach neuen Einnahmequellen – und führte eine Abgabe ein, die die Gerber für das Aufstellen der Sammelgefäße zu entrichten hatten. **PECUNIA NON OLET**, Geld stinkt nicht – anders als das Wirtschaftsgut, auf das es zu zahlen ist. So soll der Kaiser seine neue Steuer gerechtfertigt haben. So oder so, es ist bis heute ein geflügeltes Wort, wann immer es um Einkünfte von fragwürdiger Provenienz geht. Und der Kaiser hat sich damit sogar noch in einer weiteren Weise (fast) unsterblich gemacht: Öffentliche Pissoirs wurden in Italien bis vor einigen Jahrzehnten noch als *vespasiani* bezeichnet.

ben, aber zweifelsfrei durch archäologische Funde belegt, etwa in Rom, Ostia oder Pompeji, außerdem in Xanten und Köln. Und auch die zeitgenössischen Autoren lassen keinen Zweifel: »In den Latrinen führt man dieselben Gespräche, die auch im Forum stattfinden«, berichtet etwa Seneca, »und manchmal kommt es zu ernsthaften Debatten, die ebenso gut über das Schicksal des Reiches sprechen wie über den schlechten Zustand des öffentlichen Wassers.«

Allerdings mag die gesellschaftliche Durchmischung in den öffentlichen *latrinae* geringer ausgefallen sein als in den Thermen. Schließlich verfügen die Villen der Oberschicht in aller Regel über eigene Toiletten – anders als die *insulae*, die Mietskasernen, in denen das Gros der Stadtbevölkerung lebt (siehe Caput XIV).

So technisch fortschrittlich die Latrinen sind (eine vergleichbare Durchdringung mit Toiletten, erst recht wassergespülten, gibt es in Europa erst wieder rund 1500 Jahre nach dem Untergang des Imperiums, zumindest seines westlichen Teils im 5. Jahrhundert n. Chr.), so sehr bleibt es für uns Heutige eine sonderbare Vorstellung, etwas so Intimes und Privates wie den Toilettengang zur Kollektiverfahrung zu machen. Ganz klar, die alten Römerinnen und vor allem Römer haben ein anderes Schamgefühl. Allenfalls die Urinalreihen in Autobahnraststätten oder die Pissrinnen auf Musikfestivals erinnern noch ansatzweise an das römische Vorbild. »Über das Schicksal des Reiches« wird an Letzteren, wenn überhaupt, vornehmlich bierselig und in entsprechend geringer intellektueller Tiefe und Breite verhandelt. Schade eigentlich.

CAPUT XVIII

ÜBERDEHNT TUT SELTEN GUT

WAS LEHRT UNS DAS ENDE ROMS?

Liebliche Flussauen und Täler im Wechsel mit ausgedehnten Hügel- und schroffen Bergketten: Der *Hadrian's Wall Path* im Norden Englands zählt seit mehr als zwanzig Jahren zu den beliebtesten der *National Trails*, ein Netz landschaftlich besonders reizvoller Fernwanderwege, die sich kreuz und quer durch das Vereinigte Königreich ziehen. Halbwegs trainierte Wanderer schaffen die 135 Kilometer von der Nordsee im Osten bis zur Irischen See im Westen locker in den empfohlenen sechs Tagesetappen. Die Route folgt dabei meistenteils dicht entlang des noch heute oftmals mächtigen Walls, der immer mal wieder von Ruinen alter Tore, Türme, Festungen unterbrochen wird: Der Hadrianswall, seit Jahrzehnten UNESCO-Weltkulturerbe, ist das bedeutendste Monument aus römischer Zeit auf den britischen Inseln. Es braucht gar kein Übermaß an Fantasie, sich vorzustellen, wie es vor knapp zweitausend Jahren in dieser windumtosten, einsamen Gegend aussah: Da ist jeder der Türme, die im Abstand von nur wenigen Hundert Metern stehen, von mindestens vier Legionären dauerhaft besetzt. So können die Soldaten bei drohender Gefahr in Windeseile Signale weitergeben – bis zum nächsten Kastell, in dem weitere Truppen bereitstehen, um diese äußerste Grenze des Römischen Reiches zu kontrollieren oder eben, wenn es sein muss, zu verteidigen.

Fragt man, was hinter dem Wall liegt, lautet die Antwort: nur noch Wildnis, nur noch Barbaren. Ein paarmal haben römische Legionen versucht, weiter in den Norden ins heutige Schottland vorzudringen. Aber es ist nie gelungen (und wird auch später zu keiner Zeit gelingen), sich dort dauerhaft festzusetzen. Also beschließt der Namenspate des Walls, Kaiser Hadrian, die Außengrenze der damaligen Provinz Britannia mit diesem mächtigen Bollwerk effektiv und dauerhaft zu sichern. Das hat ihm aller-

NVMERI PLACENT

EINE GRENZE IST EINE GRENZE?

Die höchste Statue in Deutschland ist der Hermann, der sich schwertschwingend über dem Teutoburger Wald erhebt und martialisch allen Nichtgermanen droht (siehe Caput X). Zum größten Denkmal reicht es allerdings nicht. Also … *überhaupt* nicht. Diese Auszeichnung geht an den obergermanisch-rätischen Limes – oder ORL, wie er in Fachkreisen liebevoll genannt wird. Die einstige Landgrenze des Imperium Romanum zieht sich **550 KILOMETER** lang durch heute vier Bundesländer von der Donau im Südwesten bis an den Rhein. Der Limes ist damit sogar das größte Bodendenkmal in ganz Europa. Und noch etwas: Er gehört, mit ähnlichen Bauwerken wie dem Hadrianswall oder natürlichen Barrieren wie Flüssen, Meeren, Gebirgszügen zu den wenigen wirklich eindeutigen Außengrenzen des Imperiums. Das Konzept einer klar definierten Linie, die hier und dort, »wir« und »die« metergenau trennt, ist eine Erfindung der Neuzeit. In römischer Zeit befinden sich an solchen Stellen oft überlappende Einflusssphären. Das Englische kennt hierfür die Unterscheidung in *border* und *frontier*. Übrigens: Auch der Limes kommt am Ende zwar als *border* daher, hat aber durchaus *frontier*-Qualitäten: Nach allem was wir heute wissen, war die mit Türmen und Kastellen bewehrte Anlage höchst durchlässig, machte sich römischer Einfluss jenseits, aber auch germanischer diesseits bemerkbar.

dings nicht nur Fans beschert. Denn was Hadrian da tut, passt nicht wirklich ins Selbstverständnis vieler Römer. Bis hierher kannte das Imperium eigentlich nur eine Entwicklung: Ausdehnung! Okay, das war nicht immer von Erfolg gekrönt. So wie es nie gelingt, sich in Schottland festzusetzen, führt selbst größtes militärisches Engagement jenseits von Rhein und Donau nicht zur Unterwerfung der Gegenden, die in Rom unter der Bezeichnung *Germania magna* subsummiert werden. Bis zur Elbe sind Legionen vorgestoßen, doch am Ende immer wieder hinter die sichere Grenze, die seit dem 1. Jahrhundert n. Chr. auch vom Limes gezogen wird, zurückgekehrt – seit der Katastrophe der Varusschlacht 9 n. Chr. und dem Totalverlust von drei kompletten Legionen, ist man vorsichtig (siehe Caput X).

Doch noch Hadrians Vorgänger Trajan ist voll auf Expansionskurs und dringt im Osten über die Donau vor, macht Dakien zur Provinz – und lässt sich dafür ordentlich abfeiern. Die Trajanssäule mitten in Rom zeugt bis heute davon (siehe Caput II). Was zu diesem Zeitpunkt natürlich noch niemand weiß: Es wird der Höhepunkt sein, unter Trajan erreicht das Römische Reich seine größte Ausdehnung. Denn Hadrian zementiert nicht nur Britanniens Nordgrenze. Er ordnet auch den Ausbau des Limes an, der Grenzbefestigung nach Germanien. Vor allem aber zieht er die Legionen aus dem eben gerade unterworfenen Dakien zurück, ebenso aus Mesopotamien und Armenien, die auch erst von Trajan dem Reich hinzugefügt worden waren. Anders als viele Zeitgenossen hat Hadrian erkannt, dass das Reich, dieses inzwischen fünf Millionen Quadratkilometer große Gebilde, unbeherrschbar zu werden droht: zu viele innere Konflikte, zu viel äußere Bedrohung. Die Gefahr eines *imperial overstretch*, einer imperialen Überdehnung, sie ist für Hadrian real. Doch, das wird ihm von vielen als Kleingeistigkeit, als Feigheit, als alles Mögliche, nur nicht als römische Tugend angekreidet. Kein Wunder, in einer Gesellschaft, die quasi seit der ersten Minute ihrer Existenz nichts anderes getan hat, als sich unersättlich immer weiter auszubreiten. Was damals aber auch noch niemand ahnt: Hadrian hat damit den Fortbestand des Imperiums gesichert. Auch wenn viele der Grundprobleme nur verringert, nicht aber auf Dauer beseitigt sind:

- Hadrian beschert Rom eine lang anhaltende Blütezeit. Er zählt zu den »fünf guten Kaisern«, wie man die Herrscher dieser fast hundert Jahre währenden Epoche später tituliert (siehe Caput VIII). Ihr Patentrezept: den Titel per Adoption weitergeben und so dafür Sorge tragen, dass nur wirklich geeignete Personen in Amt und Würden gelangen. Das war vorher nicht immer der Fall, das wird es auch danach nicht mehr sein. Mit der Folge: Immer wieder gelangen nun Männer auf den Thron, durch Vererbung, durch Militärputsch, die kein bisschen tauglich sind, ein Reich von solch enormer Größe zu regieren. Wenn das überhaupt noch möglich ist.
- Trotz fortschrittlicher und für ihre Zeit einmaliger Infrastruktur (siehe Caput V): Die Größe an sich stellt durchaus ein Problem dar. Ein fähiger Herrscher mag ein guter Kristallisationspunkt sein. Aber selbst den besten gelingt es kaum noch, ausreichend Bindungskraft zu entwickeln, um die Heterogenität zwischen Hadrianswall und Nil, Atlantikküste und Schwarzem Meer zu kompensieren. Klar, Latinisierung (siehe Caput II) und die zivilisatorischen, kulturellen, wirtschaftlichen Vorzüge, die die Kolonisierung für viele Regionen mit sich bringt, sind nicht von der Hand zu weisen (siehe Caput VI). Dennoch: Für viele ist Rom einfach sehr weit weg, nicht nur räumlich. Um dieser faktischen Unbeherrschbarkeit irgendwie wieder Herr zu werden, versucht es Diokletian (etwa 245 bis 312 n. Chr.) mit einer sogenannten Tetrarchie, einer Aufteilung des Imperiums in vier Reichsteile. Das hat zwar über seinen Tod hinaus keinen Bestand, ist aber ein Vorbote dessen, was noch kommen

wird, ehe das Jahrhundert vorüber ist: die dauerhafte Teilung in eine West- und eine Osthälfte (was quasi mit einem unumkehrbaren Bedeutungsverlust einhergeht).

BONUM SCIRE

VON WEGEN EWIGE STADT

Dass nach dem Ende des Weströmischen Reiches der Osten des Imperiums gute tausend Jahre weiterbestand? Wissen wir, Haken dran. Dass **KONSTANTINOPEL**, das ehemalige Byzanz und spätere Istanbul, folglich auf eine ähnlich lange Zeit als Hauptstadt blickt wie **ROM**? Kann man sich ausrechnen. Dass Rom aber schon die letzten knapp zweihundert Jahre, ehe das Weströmische Reich unterging, nur noch Namenspatin war, die Regierungsgeschäfte aber längst von anderswo geführt wurden? Weniger bekannt! Die Krise des 3. Jahrhunderts n. Chr., in der sich legitime und weniger legitime Kaiser die Klinke in die Hand gaben, oder vielleicht eher: die Klinge in den Leib bohrten, fand mit der Thronbesteigung Diokletians endlich ein Ende. Allerdings schien für den Mann das Reich nur beherrschbar, indem man es aufteilte. Er rief die sogenannte Tetrarchie ins Leben, mit der er die Regierung auf vier Kaiser, beziehungsweise einen Mit- und zwei Unterkaiser aufteilte. Im Zuge dieser Reformen verlegte er die Verwaltung des südöstlichen Viertels von Rom nach Mediolanum, das heutige **MAILAND** (der Nordwesten wurde derweil übrigens von **TRIER** aus regiert). Dort blieb sie auch nach dem Ende der diokletianischen Tetrarchie – und bis Kaiser Honorius (384 bis 423 n. Chr.) sie 402 n. Chr. nach **RAVENNA** verlegte: Das galt, zwischen Meer und Sümpfen gelegen, als sicherer vor Eindringlingen als Mailand. Aber sicherer ist eben auch nur relativ: Am 4. September 476 n. Chr. marschierte der germanischstämmige Odoaker in Ravenna ein, setzte Romulus Augustulus (etwa 460 bis 476 n. Chr.) ab und damit den letzten Kaiser Westroms (siehe Caput VIII).

Außerdem gerät das gigantische Konstrukt zusehends in wirtschaftliche Schieflage. Die Versprechungen von Wohlstand und Lebensqualität, die so lange galten und vielen Nichtrömerinnen und -römern durchaus reizvoll schienen, sie können immer seltener eingehalten werden. Was durch Steuereinnahmen, Tributzahlungen und sonstige Erlöse in die Staatskasse kommt, muss in immer höheren Anteilen ins Militär investiert werden: Bis zu sechzig Prozent sollen es in Spitzenzeiten sein, da bleibt nicht viel für andere Investitionen. Und dass man nicht einfach beliebig neues Geld in Umlauf bringen kann, um diesem Problem zu entgehen, gilt damals wie heute: Auch Rom lernt die Folgen von Inflation und Verfall der eigenen Währung kennen. Das Dumme ist: Vieles davon ist alternativlos. So bröckelig die *pax romana* im Inneren auch wird, ist das nichts gegen den Druck, der sich von außen aufzubauen beginnt. Und davon hat Hadrian gerade mal einen ersten Luftzug gespürt, wenn überhaupt.

Szenenwechsel: Adrianopel, das heutige Edirne im Dreiländereck zwischen der Türkei, Griechenland und Bulgarien gelegen. Es ist der 9. August 378 n. Chr. Acht Stunden lang hat Valens, Kaiser der Osthälfte des Reiches (sein Bruder und *Augustus primus*, sozusagen Hauptkaiser Valentinian I. hatte ihn dort zum Herrscher gemacht: eine Vorwegnahme der endgültigen Teilung wenige Jahre später), seine Legionen marschieren lassen. Entsprechend erschöpft sind sie nun. Was für ein Glück, dass die Anführer des gotischen Heeres, dem sie gegenüberstehen, eigentlich lieber verhandeln wollen, anstatt zu kämpfen. Leider ist diese Information nicht bis in die letzten Reihen der Römer vorgedrungen. Und so startet die Reiterei – die ungeduldig und vermutlich auch weniger erschöpft ist – einen Angriff über den rechten Flügel. Unglücklich! Roms Armeen sind seit Jahrhunderten berühmt und gefürchtet für ihre ungeheure Disziplin, ihre taktische Stärke (siehe Caput I). Aber durch die eigenmächtige Attacke wird all das hinfällig. Es bricht ein großes Durcheinander aus, durch die fehlende Reiterei sind die Legionäre an den Flanken ungeschützt. Die Goten erkennen ihre Chance, greifen Valens und seine Truppen von drei Seiten zugleich an – und vernichten sie! Den wenigsten gelingt die Flucht, schätzungsweise 20 000 Mann fallen, darunter auch der Kaiser. Die Katastrophe ist perfekt: Das Fiasko bei Adrianopel ist die schlimmste Niederlage gegen ein germanischstämmiges Heer seit der Varusschlacht fast vierhundert Jahre zuvor (siehe Caput X), es ist die größte Niederlage auf eigenem Boden, auf Reichsgebiet, seit mehr als hundert Jahren. Valens ist erst der zweite Kaiser, der im Kampf gegen feindliche, also nichtrömische Truppen stirbt (auch in der Reichskrise des 3. Jahrhunderts n. Chr., als die sogenannten Soldatenkaiser gefühlt im Wochentakt wechseln, weil sie sich gegenseitig wegputschen, ist schon der eine oder andere auf dem Schlachtfeld geblieben. Aber eben stets im Kampf Rom gegen Rom).

Dabei hätte es gar nicht so weit kommen müssen, ja vielleicht sogar dürfen. Die Goten stehen nicht als Feinde im Reich. Dass sie sich auf römischem Territorium befinden, ist mit römischem Segen: Valens selbst hatte ihnen erlaubt, die Donau – seit Hadrians Zeiten und dem Rückzug aus Dakien wieder Grenzfluss – zu überqueren und sich innerhalb des Reiches niederzulassen. Aber Anspruch und Wirklichkeit sind ja oft so eine Sache. Die Goten fühlen sich am Ende jedenfalls nicht so willkommen wie erhofft, wähnen sich betrogen, von römischen Beamten schikaniert und ausgenutzt. Die Folgen: siehe oben.

Aber warum wollen sie überhaupt ins Reich, warum bleiben sie nicht, wo sie waren, wo sie hingehören. Die Antwort liegt in dem, was früher mal als »Völkerwanderung« bezeichnet wurde: Durch das Westwärtsstreben, den Expansionsdrang der Hunnen, gerät gerade am Ostrand Europas einiges in Bewegung. Vor der Entscheidung, sich den Hunnen zu unterwerfen oder lieber zu fliehen, votieren viele für Letzteres. Das Mittel der Wahl ist dabei aber nicht unbedingt das besinnungslose An- und Überrennen der Grenzen des Imperiums. Viele suchen schlicht Schutz hinter Donau und Limes. Doch die Integrationsfähigkeit Roms ist damit schlussendlich überfordert. Zwar gibt es immer wieder ernst gemeinte und groß angelegte Anläufe, den Goten wird etwa zwischenzeitlich der Status als *foederates*, als Bundesgenossen, verliehen. Sie bekommen Land zugeteilt. Man versucht sogar, per Hochzeit die Kulturen miteinander verschmelzen zu lassen: 414 n. Chr. heiraten der gotische König Athaulf (etwa 370 bis 415 n. Chr.) und die Kaisertochter Galla Placidia (etwa 390 bis 450 n. Chr.). Aber wenn man weiß, dass Athaulfs Vorgänger Alarich I. (etwa 370 bis 410 n. Chr.) erst kurz zuvor Rom erobert und geplündert hatte, etwas, das es zuletzt achthundert Jahre zuvor gegeben hatte, kann man sich vorstellen: alles sehr fragil und das Ende absehbar. Es gelingt den Römern weder, die Goten zu integrieren, noch, sie wieder loszuwerden. Dass die kommenden Jahrzehnte auch kein nennenswert kompetenter Herrscher auf dem weströmischen Thron sitzt? Tut ein Übriges. Der letzte von ihnen, Romulus Augustulus, wird 476 n. Chr. abgesetzt. Zumindest das Weströmische Reich hört damit auf zu existieren (Ostrom gibt es noch weitere knapp tausend Jahre, ist die längste Zeit davon aber auch kein ernsthaftes Imperium mehr und besteht zu guter Letzt eigentlich nur noch aus dem Großraum Istanbul plus ein paar griechischen Inseln und aus Teilen der Peloponnes).

Ein tragisches Ende. Aber bitte an dieser Stelle nicht vergessen: Zu Hadrians Lebzeiten befindet sich Rom AUC, also ab Stadtgründung (siehe Caput XI), im neunten Jahrhundert seines Bestehens. Bis zum Untergang Westroms werden noch einmal rund 350 Jahre vergehen. Das sind enorme Zeitspannen.

Die Weltgeschichte hat seither eine Reihe von Imperien erlebt, die am Ende aus den unterschiedlichsten Gründen (und meist nach einer sehr viel kürzeren Blütezeit) zugrunde gingen. Die Überdehnung, der *imperial overstretch*, den auch Rom erlebte, spielt dabei jedoch immer eine entscheidende Rolle. Sei es im Mongolenreich Dschingis Khans und seiner Nachfolger, im Osmanischen Reich, im British Empire, sogar in der Sowjetunion. Ist das nun einmal der Lauf der Welt: was kommt, vergeht irgendwann? Ist es ein Naturgesetz, dass supranationale Konstrukte dieser Grö-

SEMPER VERBA RECTA

DURCH MASSENTRÄGHEIT INS VERDERBEN?

»Wer dem Volk anstrengungslosen Wohlstand verspricht, lädt zu spätrömischer Dekadenz ein«, urteilte der FDP-Politiker Guido Westerwelle im Jahr 2010. Eigentlich auch schon ein Fall für die Geschichtsbücher – als Beispiel für eine ziemlich unglückliche Analogie. Nicht nur unterstellte Westerwelle damit den Empfangenden von Sozialleistungen eine pauschale Mitnahmementalität. Sein Bild ist schlicht falsch: Es gibt nicht die eine Ursache, die dem Römischen Weltreich den Untergang brachte. Da ist sich die aktuelle Forschung einig. Es war vielmehr eine zutatenreiche und lange brodelnde Melange aus inneren und äußeren Krisen, aus strukturellen Problemen. Messbarer Sittenverfall? Zählt eher nicht dazu. Dennoch hält sich bis heute hartnäckig das Bild einer satten, einer übersatten Gesellschaft, die nur noch um sich selbst und ihre Bedürfnisse kreiste, ohne das große Ganze im Blick zu behalten. Ohne noch etwas dazu beizutragen, den erreichten Status quo zu halten und zu sichern. Dieses Bild ist allerdings auch ein paar Zeitgenossen selbst zu verdanken. Etwa dem Historiker Ammianus Marcellinus, der in seinem Geschichtswerk, den *Res gestae*, immer wieder die Moralkeule schwingt. Die ganze Pracht und Herrlichkeit, die Rom sich erschaffen hat, sieht er bedroht durch **UBI NATI SUNT NON REPUTANTIUM** – jene, die nicht darüber nachdenken, wo sie geboren wurden. Was immer den Mann zu seinem Urteil bewogen hat, halten wir ihm zugute, dass er seine Gegenwart beschreibt. Dass sich das Bild Forschungsgenerationen später sehr anders darstellt, kann man ihm kaum anlasten.

ßenordnung irgendwann scheitern müssen? Können wir irgendetwas daraus lernen?

Die Europäische Union, in mancherlei Hinsicht durchaus Erbin Roms (in vielerlei natürlich auch nicht, siehe Caput VI), steht aktuell unter enormem Druck – wie seinerzeit Rom: von innen wie von außen. Die Migrationsströme belasten die Außengrenzen und den inneren Frieden. Wie viele Menschen kann Europa verkraften? Wie teilt man sie gerecht auf? Wer darf überhaupt kommen? Wer darf darüber entscheiden? Wer darf überhaupt irgendetwas: Wie viel Macht und Einfluss sollten nationale Regierungen haben, wie viel davon müsste bei einer europäischen Zentralregierung liegen, um die Größe und Bedeutung des Kontinents wirklich ausspielen zu können. Hat sich Rom durch seine Teilung im 4. Jahrhundert n. Chr. wirklich selbst gestärkt oder damit nicht eher den ersten Schritt in die Verzwergung getan?

Eine vielleicht noch realere Bedrohung der Grenzen empfinden mindestens die Staaten Osteuropas, die teilweise direkt an Russland grenzen, das aus seinen imperialen und revisionistischen Ambitionen in den vergangenen Jahren keinen Hehl gemacht hat. Ist der Krieg gegen die Ukraine das Ende dieser Ambitionen oder womöglich nur deren Anfang?

Die Welt ist wieder unübersichtlicher geworden. Ein starkes Europa könnte für Klarheit sorgen, auch für Sicherheit. So wie Rom es jahrhundertelang mit seiner *pax romana* vermochte. Die Welt dreht sich allerdings nicht mehr nur rund ums Mittelmeer, um das *mare nostrum* (das war früher natürlich auch nicht der Fall, aber es gab eben viel, viel weniger transkontinentale Berührungspunkte). Anders als Rom lange Zeit, ist Europa darin bestenfalls *eine* Großmacht.

Zum Glück stehen der internationalen Politik heute mehr Instrumente zur Verfügung, als sie die antiken Kollegen hatten. Man muss nicht gleich die Legionen in Marsch setzen. Man kann verhandeln. Man muss übergroße Flüchtlingsströme nicht klaglos über sich ergießen lassen, erst recht nicht gewaltsam an den Grenzen aufhalten. Man kann durch Abkommen, Entwicklungshilfe und Diplomatie versuchen, die Ursachen der Flucht abzustellen. Unwahrscheinlich, dass Valens den Goten vergleichbare Angebote gemacht hat, geschweige denn hätte machen können. Ob die Entscheiderinnen und Entscheider von heute am Ende mehr oder weniger Weitsicht haben werden? Die Geschichte wird es zeigen.

Die »ewige Stadt« ist nach dem Untergang Westroms erst einmal in die Bedeutungslosigkeit geschlittert. Der einstige Mittelpunkt der antiken Welt ist heute eine unbedingt besuchenswerte Metropole. Am Ende aber nur noch eine von vielen in Europa und auf der Welt. Doch eine Menge von dem, was Rom einst unfassbar groß und enorm dauerhaft gemacht hat, lebt fort. Ist Teil auch unseres Lebens, unserer Wirklichkeit geworden. Mal ganz offensichtlich, manchmal unerwartet und geradezu im Verborgenen. Mal als Vorbild, mal als mahnendes Beispiel. Das Imperium kehrt zurück? Eigentlich ist es nie wirklich weg gewesen!

FINIS OPERIS